W0369396

E-Book inside

Mit dem Kauf dieses Buchs erhalten Sie das zugehörige E-Book gratis. Sie können dabei aus drei Dateiformaten wählen: EPUB (gängiges Format für E-Reader und Tablets), PDF (für PC und Laptop) oder MOBI (für den Amazon Kindle). So kommen Sie an Ihr kostenloses E-Book:

Rufen Sie im Internet diese Website auf:
↗ http://www.junfermann.de/ebook-inside

Geben Sie den unten stehenden Code in das dafür vorgesehene Feld ein und klicken Sie → Code einlösen. Nach Eingabe Ihrer E-Mail-Adresse und Auswahl des E-Book-Formats erhalten Sie sofort einen Download-Link für das gewünschte E-Book an Ihre E-Mail-Adresse.

Bitte beachten Sie, dass der Code für Sie personalisiert wird und nur einmal gültig ist. Die Datei müssen Sie zunächst auf Ihrem Computer speichern, bevor Sie sie auf ein mobiles Endgerät überspielen können.

XAUENGPC

Franz Grieser

Gut genug statt perfekt

Perfektionismus loslassen – entspannter leben

www.junfermann.de

blogweise.junfermann.de

www.facebook.com/junfermann

twitter.com/junfermann

www.youtube.com/user/Junfermann

www.instagram.com/junfermannverlag

FRANZ GRIESER

GUT GENUG STATT PERFEKT

PERFEKTIONISMUS LOSLASSEN – ENTSPANNTER LEBEN

Junfermann Verlag
Paderborn
2020

Copyright	© Junfermann Verlag, Paderborn 2020
Coverfoto	© pavel siamionov (www.stock.adobe.com)
Covergestaltung / Reihenentwurf	JUNFERMANN Druck & Service GmbH & Co. KG, Paderborn
Satz & Layout	JUNFERMANN Druck & Service GmbH & Co. KG, Paderborn

Bibliografische Information der Deutschen Nationalbibliothek

Die Deutsche Nationalbibliothek verzeichnet diese Publikation in der Deutschen Nationalbibliografie; detaillierte bibliografische Daten sind im Internet über http://dnb.d-nb.de abrufbar.

ISBN 978-3-7495-0135-9
Dieses Buch erscheint parallel als E-Book.
ISBN 978-3-7495-0136-6 (EPUB), 978-3-7495-0138-0 (PDF), 978-3-7495-0137-3 (MOBI).

Dieser Kurs stellt eine Hilfe zur Selbsthilfe dar und soll und kann keine professionelle psychologische Beratung ersetzen.

Inhalt

Einführung

Da du[1] dieses Buch gekauft hast, gehe ich davon aus, dass du Schwierigkeiten mit deinem Perfektionismus hast und deshalb etwas verändern willst. Genauer gesagt: Du willst die negativen Seiten ablegen und positive Aspekte behalten (ja, Perfektionismus hat auch positive Seiten).

Was Perfektionismus ist und was daran problematisch ist, werde ich gleich erklären. Zuerst einmal zwei Beispiel für ganz unterschiedliche Seiten von Perfektionismus.

Fallbeispiel 1: der Buchautor, der sich selbst im Weg stand

Dieses Buch ist das 26. Buch, das ich unter meinem Namen veröffentliche. Viele Bücher habe ich geschrieben, weil ich mehr über das Thema wissen wollte; die anderen, weil ich mein Wissen zum Thema weitergeben wollte. Bei einigen meiner Bücher, die ich als Experte geschrieben habe, habe ich das (für Perfektionisten typische) Hochstapler-Phänomen am eigenen Leib erlebt. Ich wollte unbedingt alles, was es zum Thema gibt, ins Buch packen. Ich wollte um alles in der Welt vermeiden, dass auch nur ein einziger Leser mich dafür kritisiert, ich hätte etwas Falsches geschrieben oder etwas Wichtiges übersehen – denn dann wäre ich ja nicht der Experte, sondern einer, der nur so tut.

Als ich die erste Version dieses Buchs vor drei Jahren schrieb, bin ich in diese selbst gestellte Falle getappt. Im Lauf des Schreibprozesses wurde mir klar, welch hohen Anspruch ich an mich selbst habe: „Wenn ich ein Buch über Perfektionismus schreibe, muss ich meinen Perfektionismus zu 100 Prozent überwunden haben. Sonst darf ich das gar nicht schreiben. Wie will ich denn sonst als Autor glaubhaft sein – oder auch als Coach, der Perfektionisten begleitet?“

Über diesen Anspruch bin ich dann tatsächlich gestolpert. Allein schon der Anspruch („zu 100 Prozent“) ist ja typisch für einen Perfektionisten. Und als Perfektionist dürfte ich das Buch ja gar nicht schreiben. Ich wollte es dann erzwingen, das ging aber nicht: Ich habe von Lektion zu Lektion länger gebraucht für das Schreiben – bis ich dann in Lektion 4 stecken blieb.

---

1 Ja, richtig gelesen: Ich spreche dich, meine Leserin, meinen Leser, mit „du“ an. Das „Sie“ ist mir für dieses Buch zu distanziert. Das Buch ist eine Einladung, dich auf einen tiefgehenden Prozess einzulassen, bei dem ich dich als wohlwollender Coach begleite – und meine eigenen Erfahrungen mit dir teile und mich „anfassbarer“ mache. Das fällt mir „per du“ leichter und war auch für die Personen, die das Manuskript vorab gelesen haben, stimmiger.

Nach ein paar Tagen Verschnaufpause habe ich mich für eine neue Vorgehensweise entschieden: „O. k., ich habe offensichtlich noch eine Menge perfektionistischer Züge in mir. Dann probiere ich doch mal die Methoden aus dem Buch von diesem Franz Grieser aus. Mal sehen, ob ich damit lernen kann, besser mit meinem hohen Anspruch und meiner Angst vor Kritik zurechtzukommen. Ob ich damit in der Lage bin, mein Buch ohne diesen Druck gut zu Ende zu schreiben. Mal sehen, was dieser Franz draufhat. ;-)"

Was soll ich sagen: Da du dieses Buch gerade liest, ist es mir offenbar gelungen.

Fallbeispiel 2: die un-perfekte Gastgeberin

Für Katja (die in Wirklichkeit nicht Katja heißt) war nichts im Leben wichtiger, als die perfekte Gastgeberin zu sein. Jedes Mal, wenn sie Freunde oder Verwandte eingeladen hatte, putzte sie vorher stundenlang die gesamte Wohnung, inklusive der Fenster. Nicht selten passierte es, dass sie, während sie dabei war, das Essen vorzubereiten, noch Streifen auf einem Fenster entdeckte und dann das Fenster ein weiteres Mal putzte. Schließlich wurde die Zeit knapp, und sie fing an, in Panik zu geraten. Der Salat war noch nicht fertig, die Nachspeise auch nicht. In der Hektik fielen Gläser auf den Boden, sie schnitt sich in den Finger, und es gingen noch weitere Dinge schief.

Als wir einmal zum Essen eingeladen waren, war der Kastenkuchen gebrochen – geschmeckt hat er trotzdem. Sie entschuldigte sich zigmal. Den Abend über wirkte sie unkonzentriert und reagierte fast schon genervt, wenn man sie ansprach. Tage später gestand sie mir, dass sie den halben Abend über Selbstgespräche geführt und sich dafür niedergemacht hatte, dass alles schiefgelaufen war. Dass sie so eine schlechte Gastgeberin war. Dass der Abend eine komplette Pleite gewesen und sie eine völlige Niete war.

Inzwischen hat sie ein paar Coaching-Stunden genommen. In ihrem Fall reichten die Übungen aus Lektion 2 und 3 vollkommen aus. Da sie vor einer Einladung nicht mehr Stunden mit Putzen und Kochen verbringt, lädt sie jetzt viel öfter Freunde zu sich ein. Sie ist nicht mehr angespannt und kann die Gesellschaft genießen – und es ist ihr seither auch kein Nachtisch mehr misslungen.

Perfektionismus – der Versuch einer Definition

Eine allgemein anerkannte Definition von Perfektionismus gibt es nicht. Es gibt jedoch unterschiedliche Modelle, die Perfektionismus anhand diverser Facetten bzw. Kriterien beschreiben (vgl. Wikipedia; Bonelli 2019). Nach diesen Modellen bezeichnet man eine Person als „Perfektionist", die mehrere der folgenden Kriterien erfüllt (ich orientiere mich weitgehend am Sechs-Facetten-Modell von Randy O. Frost; siehe Wikipedia, Stichwort „Perfektionismus" [Psychologie]). Eine Perfektionistin / ein Perfektionist …

- strebt nach Fehlerlosigkeit, versucht also, Fehler um alles in der Welt zu vermeiden;
- setzt für sich selbst extrem hohe Leistungsstandards und stellt strenge Regeln auf;
- bewertet das eigene Verhalten überkritisch;
- legt sehr hohen Wert auf eine positive Bewertung durch andere;
- ist oft unentschlossen und vermeidet Entscheidungen oder Handeln aus Angst, Fehler zu machen;
- richtet das Handeln an der erwarteten Reaktion der Umwelt aus;
- ist organisiert, wobei er / sie eher rigide statt gut organisiert ist (darunter leiden die Betroffenen selten, das stört eher das Umfeld).

Der Perfektionismus bezieht sich meist nur auf einzelne Bereiche des Lebens oder auf Rollen: oft auf den Beruf, auf die Wohnung, die Kochkünste, die Rolle als Mutter und / oder als Hausfrau, auf das Aussehen oder auch auf Fähigkeiten (der perfekte Liebhaber, die perfekte DJane …).

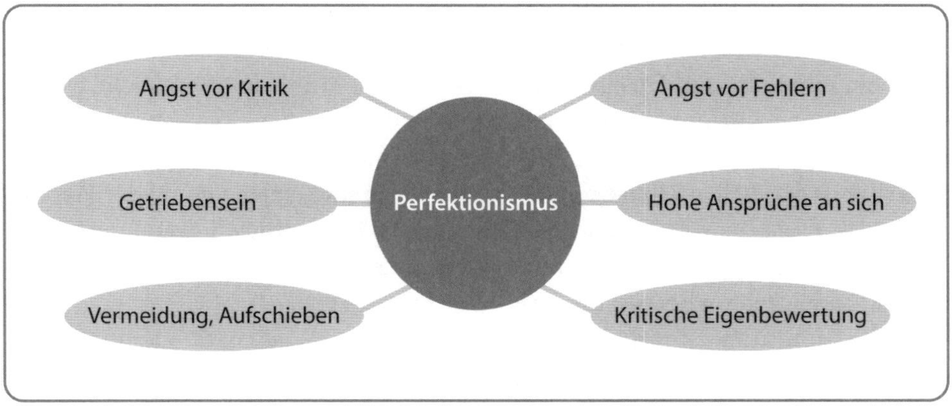

Abbildung 1: Kritische Seiten von Perfektionismus

Wichtig ist mir dabei: Niemand von uns kommt als Perfektionist*in[2] auf die Welt, Perfektionist*innen eignen sich diese Verhaltensweise im Lauf ihres Lebens an. In den allermeisten Fällen wird der Grundstein dafür in der Kindheit gelegt.

2 Ich duze in diesem Buch nicht nur, sondern versuche auch, so weit das möglich ist, eine genderneutrale Sprache zu verwenden. Deshalb nutze ich das Gender-Sternchen.

Und das ist die gute Nachricht. Denn ein erlerntes Verhalten und erlernte Überzeugungen und Muster können wir wieder *ver*lernen und uns neue aneignen. Und genau darum geht es in diesem Kurs. (Warum ich hier „Kurs“ schreibe? Das erfährst du im nächsten Abschnitt „Zu diesem Buch“.)

Warum ist Perfektionismus problematisch?

Es ist nichts verkehrt daran, nach Spitzenleistung zu streben und keine gravierenden Fehler machen zu wollen. Und in einigen Kontexten ist Fehlerfreiheit sogar „Teil der Jobbeschreibung“ – etwa wenn du ein Flugzeug steuerst oder in der Chirurgie arbeitest.

Eins kann ich mit Sicherheit sagen: Es gibt einen klaren Unterschied zwischen Perfektionismus (also dem **Streben nach Fehlerfreiheit**) und dem **Streben nach Spitzenleistung**. Perfektionismus ist eine gewaltige Bürde, die dich herunterzieht und belastet, Streben nach Spitzenleistung dagegen gibt dir Energie, bereichert dich und richtet dich auf.

Perfektionismus ist aus diesen Gründen problematisch:

- Du strebst nicht aus eigenem Antrieb nach Exzellenz (Perfektion), sondern aus einem **Zwang** heraus. Du hast (vermeintlich) keine Wahl, du tust es nicht, weil du es wirklich willst und es genießt, sondern weil du „musst“. Typischerweise, weil du um alles in der Welt Kritik von anderen vermeiden musst.
- Kritik ist für dich gleichbedeutend mit **Scheitern** und einem Gefühl der **Wertlosigkeit**. Es gibt nur Erfolg oder Scheitern, nichts dazwischen. Entweder ist es ein voller Erfolg, ohne Abstriche, ohne Fehler, einfach perfekt – oder du bist gescheitert. Und Scheitern beweist dir, dass du nichts wert bist.
- Deine Motivation ist nicht die Freude an dem, was du geschafft oder geschaffen hast, sondern die **Angst vor Fehlschlag** – und vor **Kritik**.
- Du neigst außerdem dazu, an andere hohe Standards anzulegen und sie zu kritisieren, wenn sie diesen nicht entsprechen. Du tust dich auch schwer damit, Aufgaben an andere zu delegieren, weil du denkst, dass sie es nicht hinkriegen.
- Weil du Kritik fürchtest (Kritik bedeutet für dich ja, dass du nichts wert bist), vermeidest du es, dich Kritik auszusetzen. Wenn du etwas zu erledigen hast, neigst du dazu, den Beginn **hinauszuschieben**. Umgekehrt kann es sein, dass du Fristen gewaltig **überziehst**. Schließlich ist der Artikel, den du schreiben sollst, noch nicht perfekt, die Küche ist nicht perfekt sauber (also kannst du niemand zu dir nach Hause einladen) …

- Du packst Projekte, die dir wirklich wichtig sind, gar nicht erst an. Oder du fängst an, bringst die Projekte aber nicht zu Ende. Denn wenn du sie nicht perfekt machen kannst, dann lieber gar nicht.
- Du führst kein glückliches und erfülltes Leben. Glück ist für dich mit Erfolg verknüpft, und Erfolg gibt es nur, wenn du Perfektes geleistet hast. Da du aber nur höchst selten perfekt bist, ist es schwierig mit dem Glücklichsein.
- Die ständige Angst vor Fehlern und vor dem Ertapptwerden führt dazu, dass du anfälliger bist für **Gesundheitsprobleme** wie Schlafstörungen, Bluthochdruck, Ess- oder Verdauungsstörungen oder Angstzustände.

Was dich Perfektionismus kosten kann

Perfektionismus hat einen Preis.

Fallbeispiel 3: die Studentin, die unbedingt alles lesen musste

Katharina kam zu mir, weil sie im Studium mit den schriftlichen Aufgaben Probleme hatte. In der Schule hatte sie immer ausgezeichnete Noten gehabt, auch als Leichtathletin war sie erfolgreich und beliebt gewesen. Schon zu Schulzeiten war sie sehr kritisch sich selbst gegenüber und machte sich stundenlang Vorwürfe, wenn sie etwas falsch oder nicht so gut wie möglich gemacht hatte. An der Universität stieß sie dann an ihre Grenzen: Sie schaffte es einfach nicht, alles zu lesen, was auf der Literaturliste stand. Auch die Hinweise ihrer Professoren, dass das nur Leseempfehlungen seien, kein Muss, halfen ihr nicht. Sie war felsenfest davon überzeugt, dass sie (nicht unbedingt die anderen Studenten) sämtliche Aufsätze lesen musste, bevor sie mit den schriftlichen Aufgaben beginnen konnte. Sie exzerpierte exzessiv: Für eine Zehn-Seiten-Hausaufgabe hatte sie 120 Seiten Notizen gemacht. Kein Wunder, dass sie sich völlig überfordert fühlte. Sie hatte Schlafprobleme und bekam nach einer Angstattacke von einem Arzt ein Antidepressivum verschrieben.

Fallbeispiel 4: der Vater, der nicht genügte

Reinhardt war verheiratet und hatte drei Kinder. Schon in der Schule und im Studium hatte er sich für gute Bewertungen extrem anstrengen müssen, hatte mehr gelernt als die anderen – mehr lernen müssen, um durchzukommen. Im Beruf war er ebenfalls sehr engagiert, und er war stolz darauf, keine Fehler zu machen. Mit seinen Kollegen kam er gut aus, allerdings beklagten sich einige, dass Reinhardt die Dinge immer komplizierter mache als nötig. Er wollte, bevor er eine Entscheidung traf, alle Optionen gründlich durchdacht haben, damit ihm auch ja nichts entgehe.

Auch bei der Kindererziehung wollte er um jeden Preis alles richtig machen. Seine Kinder waren öfter sauer, weil er ihnen Dinge verbot, die ihren Freunden erlaubt waren. Bei seiner Frau suchte er immer wieder Bestätigung dafür, dass er ein guter Vater war.

Die beiden wichtigsten Ziele in seinem Leben waren: ein guter Vater sein und gute Arbeit leisten. Er hatte für sich eine ganze Reihe von Regeln aufgestellt, durch die er Fehler verhindern wollte. Dazu gehörten: „Ich muss alles tun, was in meiner Macht steht, damit den Kindern nichts passiert", „Ich muss alle Möglichkeiten genau abwägen, bevor ich eine Entscheidung treffe" und „Ich muss immer und überall mein Bestes geben".

Obwohl seine Vorgesetzten ihn oft lobten, war Reinhardt mit seinen Leistungen nicht zufrieden. Er dachte, dass er noch intensiver über mögliche Folgen nachdenken und mehr recherchieren müsse, um bessere Entscheidungen zu treffen. Vor Kurzem lehnte er sogar eine Beförderung ab. Er hätte mehr Verantwortung übernehmen müssen und er fürchtete, es würden dann alle merken, dass er im Grunde ein Versager war. Es gab sogar Zeiten, zu denen er sich von seinen Kindern fernhielt, weil er dachte, er würde ihnen mehr schaden als nützen, schließlich sei er nicht gut genug als Vater.

Zwei Anmerkungen zu diesen und den übrigen Fallbeispielen:
1. Die Personen aus den Beispielen im Buch heißen in Wirklichkeit anders.
2. Nicht alle der Personen waren als Klient*innen bei mir im Coaching.

Zu diesem Buch

Dieses Buch ist kein Lesebuch. Es ist ein Mitmachkurs, den du in Form eines gedruckten Buchs oder eines E-Books erhalten hast. Deshalb spreche ich auch von Lektionen und nicht von Kapiteln.

Das Buch einfach nur zu lesen bringt dir sicher eine Reihe von Erkenntnissen. Wirklich verändern wird sich aber nur dann etwas, wenn du auch tatsächlich deine Haltung und dein Verhalten änderst. Und genau dazu dienen die Übungen in diesem Buch. Je intensiver du die Übungen durcharbeitest, desto mehr Gewinn wirst du aus dem Buch ziehen.

Ich kenne das von mir selbst: Gerade Perfektionist*innen wollen alles richtig machen und sofort große Fortschritte sehen. So funktioniert das jedoch nicht. Persönliche Veränderung ist nur dann dauerhaft wirksam, wenn du dir Zeit dafür nimmst. Den einen Zaubertrick, den genialen Hack, mit dem du das alles im Handumdrehen schaffst, gibt es nicht. Stell dich darauf ein, dass es mehrere Schritte braucht. Stell dich aber auch darauf ein, dass schon der erste der Schritte Wirkung zeigen wird. Auch wenn die Verbesserung auf den ersten Blick vielleicht nur unscheinbar ist. Aber sie wirkt.

Für wen dieses Buch gedacht ist

Das Buch ist für Menschen gedacht,

- die in einem Bereich ihres Lebens (oder mehreren) den hohen Anspruch an sich selbst haben: „Das, was ich tue, muss perfekt sein!“;
- die unter den negativen Begleiterscheinungen von Perfektionismus leiden
- und die die negativen Begleiterscheinungen ablegen wollen (ganz gleich, ob sie jetzt schon wissen, wie ihr Leben ohne die negativen Seiten aussehen könnte).

Negative Begleiterscheinungen heißt:

- Du schiebst wichtige Aufgaben immer wieder auf. Du fängst entweder sehr spät an oder wirst deutlich nach dem geplanten bzw. vereinbarten Termin fertig.
- Du arbeitest die meiste Zeit unter hohem Druck.
- Du hast ständig Angst, Fehler zu übersehen und für Fehler kritisiert zu werden.
- Du hast große Angst vor dem Scheitern.
- Du hast Angst, dass dir jemand auf die Schliche kommt und merkt, dass du gar nicht so gut bist, dass du letztlich ein Hochstapler bist.

- Du bist hochbegabt, stellst extrem hohe Ansprüche an dich und bist so gut wie nie mit dir zufrieden. Und du stellst die hohen Ansprüche auch an die Menschen um dich herum, bemerkst und kritisierst Unvollkommenes sofort – dadurch eckst du bei deinem Umfeld ständig an und giltst als ungeduldig, überkritisch und nicht zufriedenzustellen.
- Du bist hochsensibel, Kritik kann dich leicht aus der Bahn werfen. Angst vor (weiterer) Kritik und vor Fehlern lähmt dich tage-, wenn nicht wochenlang.
- Du hast körperliche Beschwerden wie Verspannungen, Schlafstörungen, Bluthochdruck, Essstörungen, Verdauungsstörungen.

Die Menschen, für die das Buch gedacht ist, hören von ihrem Umfeld immer wieder: „Du musst doch nur deine hohen Ansprüche herunterschrauben, dann wird das schon. Mach doch mal halblang, lass fünfe gerade sein."

Das hilft dir aber nicht. Denn du willst deine hohen Ansprüche nicht herunterschrauben, du KANNST das gar nicht. Bisher jedenfalls.

Deshalb geht es im Buch darum: Wie kannst du die negativen Seiten von Perfektionismus ablegen und gleichzeitig die positiven Seiten behalten?

Was dir dieses Buch bringen kann

- Du befreist dich im Lauf des Kurses immer mehr von dem inneren Zwang, Perfektes leisten zu müssen, und erweiterst so deine Handlungsmöglichkeiten.
- Du bist besser als bisher in der Lage, in jeder Situation frei für dich zu entscheiden, wie viel Aufwand du für eine bestimmte Aufgabe aufbringen willst.
- Du befreist dich von den negativen Aspekten des Perfektionismus wie Aufschieberitis, Blockaden, Stress, Burn-out.
- Positive Seiten des Perfektionismus behältst du.
- Du weißt und spürst, dass du nicht perfekt sein oder Perfektes liefern musst, um von anderen akzeptiert oder geliebt zu werden.
- Befreit vom inneren Druck kommst du leichter ins Tun und lebst dein Leben entspannter

Wichtig ist mir:

Es geht in diesem Kurs nicht darum, deine hohen Standards aufzugeben und nachlässig zu werden. Das Ziel ist es, frei zu werden von dem Zwang, nur ja keinen Fehler zu machen. Und dadurch entspannter dein Leben leben und – wenn du willst – Außergewöhnliches schaffen zu können.

Was dich in diesem Buch erwartet

Dieser Selbstlernkurs ist wie ein persönliches Coaching bei mir:

- Ich werde dir Fragen stellen, mit deinen Antworten arbeiten wir dann weiter.
- Ich werde dir verschiedene Übungen vorschlagen. Damit wirst du mehr über dich erfahren. Und du wirst das, was du dir ersehnst, immer mehr in dein Leben bringen und neues Verhalten und neue Sichtweisen ein-üben.
- Bei einigen Übungen ist es hilfreich oder notwendig, sie öfter zu machen (ich schreibe dann dazu, wie oft bzw. wie lange ich für sinnvoll halte). Manche Dinge muss man einfach üben, also öfter tun, bis man sie beherrscht.
- Du kannst die Lektionen in deinem Tempo durcharbeiten. Ich empfehle dir, eher langsam vorzugehen. Bei den Übungen kommt es nicht darauf an, sie so zügig durchzupeitschen, wie du nur kannst. Am meisten hast du von den Übungen, wenn du jeden Schritt bewusst tust und genau wahrnimmst, was dabei in dir vorgeht. Und das Wahrnehmen geht am besten langsam. Dann wirkt die Übung auch besser und vor allem nachhaltiger.
- Es gibt – natürlich – auch **nicht die eine perfekte** Art und Weise, die Übungen zu absolvieren. Es geht darum, **eine** für dich hilfreiche Art zu finden.
- Du kannst auch Pausen einlegen – manchmal ist es sinnvoll, sich Zeit zu nehmen, damit sich das gerade Gelernte bzw. Neue setzen und etablieren kann. Du wirst selbst merken, wann du eine Pause brauchst (falls du keine brauchst: auch fein).
- Es kann passieren, dass du den Faden verlierst. Rechne eher damit, dass es passieren wird. So etwas geschieht auch im 1:1-Coaching – fast immer an einem spannenden Punkt im Prozess. Die inneren Widerstände, die dafür sorgen, dass du den Faden oder die Lust verlierst, sind wie ein Kompass: Sie zeigen an, wo es wehtut oder (vermeintlich) gefährlich wird – und genau da liegen die größten Wachstumschancen.
- Mein Vorschlag: Wenn du mitten in einer Lektion oder am Ende davon hängen bleibst, beginne noch mal mit dieser Lektion. Wenn du am Anfang einer Lektion stecken bleibst, gehe die Übungen am Ende der vorherigen Lektion noch einmal durch. Und sei dabei besonders aufmerksam und achtsam mit dir.

Wie du am besten vorgehst

Bei vielen der Übungen stelle ich dir Fragen. Am meisten profitierst du, wenn du die Fragen schriftlich beantwortest. Die Übungen haben eine tiefere Wirkung, wenn du die Antworten schriftlich fixierst. Bei schriftlichen Antworten ist das innere Commitment höher; außerdem hilft das Aufschreiben, klarer zu werden. Manche der Antworten brauchst du noch für spätere Übungen – da ist es gut, wenn du sie schriftlich festgehalten hast.

Besorge dir deshalb …

- entweder einen Block oder ein Ringbuch im Format DIN A4. Wenn du lieber mit losen Blättern arbeitest, hefte sie in einen Ordner. Lose Blätter sind nicht ideal, weil du im Lauf des Kurses öfter auf Arbeitsblätter aus früheren Lektionen zurückgreifen wirst.
- oder ein DIN-A5-Buch (kariert, liniert oder blanko, 100 Seiten genügen). Wenn ich bei einer Aufgabe empfehle, die Antworten auf ein DIN-A4-Blatt zu schreiben, dann nimmst du einfach eine Doppelseite im Buch. Bei einigen wenigen Übungen brauchst du dennoch ein DIN-A4-Blatt, das kannst du zusammengefaltet in das Buch legen.

Hinweis:
In der Mediathek zu diesem Buch unter ↗ http://www.junfermann.de findest du eine PDF-Datei mit allen Arbeitsblättern zu den Übungen im Buch, die du im DIN-A4-Format ausdrucken kannst.

Und ein Praxistipp meiner Betatester*innen: Schreib auf die Blätter bzw. auf jede Seite im A5-Buch ein Kürzel für die Lektion (z. B. „L2“) – dann wirst du, wenn du etwa in Lektion 5 die Arbeitsblätter aus Lektion 2 suchst, schneller fündig.

Am besten liest du dir die Aufgabe jeweils komplett durch, ebenso die Erläuterungen nach der Schritt-für-Schritt-Anleitung. Und erst dann gehst du die Aufgabe an. Das empfehle ich dir insbesondere dann, wenn du beim Lesen der Anleitung denkst, dass du die Übung bereits kennst. Meine Beschreibungen unterscheiden sich manchmal von der Art, wie diese Übungen sonst angeleitet werden.

Meine Empfehlung:
Ich empfehle dir, dich in diesem Kurs auf eine Baustelle in deinem Leben zu konzentrieren: also auf einen konkreten Bereich, in dem du in Zukunft weniger perfektionistisch und dafür entspannter sein willst. Sobald das klappt, weißt du ja, wie du auch in andere Bereiche deines Lebens mehr Lockerheit und Entspannung bringst.

So ist der Kurs aufgebaut

In **Lektion 1** erforschst du, wo und wie dich perfektionistisches Verhalten daran hindert, ein erfülltes Leben zu leben. Du entscheidest, was du verändern willst – und wo du weiter beim bisherigen Verhalten bleiben willst. Außerdem stellst du einen Plan B auf, sodass du vorbereitet bist, falls äußere oder innere Widerstände auftreten.

In **Lektion 2** schauen wir uns typische Denkmuster von Perfektionist*innen an. Dabei wirst du drei „neue" Haltungen kennenlernen, die dir aus der Perfektionismus-Falle helfen. Dadurch sind andere Verhaltensweisen möglich, mit denen du dir das Leben leichter machst, ins Tun kommst und das Aufschieben sein lassen kannst. Konkret umsetzen wirst du das mit den Übungen aus **Lektion 3**.

In dieser Phase des Kurses können Ängste oder Bedenken auftauchen. Damit befassen wir uns in **Lektion 4**, dem zentralen Teil dieses Kurses. Denn Angst – meist die Angst vor Fehlern und Kritik – ist ein zentraler Antreiber für Perfektionismus. Der Versuch, Angst zu vermeiden, wiederum löst Aufschiebeverhalten aus, ein weiteres Problem, unter dem Perfektionisten häufig leiden. Deshalb zeige ich dir erprobte Methoden, mit der Angst konstruktiv, entspannt und mit Spaß (ja, auch das ist möglich) umzugehen.

Lektion 5 behandelt noch einmal Denkmuster – allerdings deine persönlichen inneren Überzeugungen. Du wirst die bisherigen Überzeugungen, mit denen du dich unter Druck setzt, kennenlernen, hinterfragen und dann neue, unterstützende Überzeugungen entwickeln. Damit wirst du deine Handlungsmöglichkeiten spürbar erweitern.

In **Lektion 6** gehen wir noch näher an den Kern deiner Persönlichkeit und beschäftigen uns mit dem Bild, das du von dir selbst hast. Denn das Selbstbild, das du als Perfektionist*in typischerweise hast, engt dich ein. Im Lauf der Lektion wirst du ein Selbstbild von dir entwickeln, das Wachstum ermöglicht und mit dem du dein volles Potenzial ausschöpfen kannst.

In der abschließenden **Lektion 7** gebe ich dir Tipps, wie du das, was du dir im Kurs angeeignet hast, verfestigst. Damit dir dieser Kurs auf Dauer Nutzen bringt.

Lektion 1 | Mit Schwung ins neue entspannte Leben

Wahrscheinlich gehst du diesen Kurs mit eher gemischten Gefühlen an. Vielen meiner Coaching-Klient*innen erging es jedenfalls so: Einerseits wollten sie eine Veränderung, anderseits waren sie skeptisch (Lohnt sich die Mühe? Bringt mir das überhaupt was?) oder hatten Angst oder Bedenken, etwas aufzugeben, was ihr Leben so lange bestimmt hatte. Wer weiß schon, ob es hinterher besser ist?

In dieser Lektion geht es deshalb darum, diese unterschiedlichen Gefühle zu erforschen, Bedenken zu Wort kommen zu lassen – damit du dann mit Schwung und hoch motiviert in die nächsten Lektionen starten kannst.

Und wenn du jetzt schon hoch motiviert bist? Auch dann empfehle ich dir, dir Zeit für diese Lektion zu nehmen. So, wie du dir Zeit zum Aufwärmen und Muskeldehnen nimmst, bevor du Sport machst (wenn du Sport treibst).

In dieser Lektion wirst du herausfinden, was es für dich zu gewinnen gibt, wenn du deinen Perfektionismus ganz oder teilweise ablegst. Und in welchen Bereichen du vielleicht weiter bei dem bisherigen Verhalten bleiben willst.

Außerdem werden wir uns eventuelle Bedenken und Ängste genauer ansehen. Sie einfach beiseitezuschieben funktioniert nicht: Dann kommen sie während des Kurses gleichsam aus dem Hinterhalt und werfen dir Knüppel zwischen die Beine.

Der Fahrplan für diese Lektion

1. Wie wichtig ist dir eine Veränderung jetzt?
2. Was gewinnst du durch die Veränderung?
3. Was willst du verändern – und was nicht?
4. Plan B – es ist gut, vorbereitet zu sein
5. Wie hoch ist deine Motivation jetzt?

Wie du bei den Übungen am besten vorgehst

Mach langsam: Lege nicht gleich los mit den Antworten. Lass dir Zeit, horche in dich hinein. Es geht bei allen Fragen nicht um eine spontane Antwort und vor allem nicht um eine Antwort, die der Intellekt gibt. Oft ist auch die erste Antwort, die uns kommt, noch nicht die, die wirklich weiterhilft. Also: Lass dir Zeit, spüre in deinen Körper hinein.

Schnelligkeit ist bei den Übungen aus dem Kurs eher hinderlich: Wenn du schnell unterwegs bist, verengt sich automatisch dein Blickfeld (achte mal darauf, wenn du im Auto oder Zug mitfährst). Dadurch passiert es leicht, dass du Möglichkeiten übersiehst, die links oder rechts von dir liegen.

Mit allen Sinnen: Bei einigen Übungen bitte ich dich, dich an etwas in der Vergangenheit zu erinnern oder dir etwas in der Zukunft vorzustellen. Dabei empfehle ich dir, möglichst alle Sinne „einzuschalten". Wenn es (wie in vielen Übungen dieser Lektion) um die Zukunft geht:

1. Versetze dich in den Zeitpunkt in der Zukunft – so, als wäre es schon beispielsweise heute in einem Jahr.
2. Stell dir dann vor, wie es (heute in einem Jahr) ist: Was tust du? Was siehst du? Was hörst du? Was empfindest du? Was riechst und schmeckst du? Wenn Schmecken und Riechen schwierig sind, konzentriere dich auf das Sehen, Hören, Spüren und Tun.

Der Grund: Wenn möglichst viele Sinne beteiligt sind, ist das Erleben intensiver. Die Antworten, die du dann auf die Fragen gibst, sind umfassender, ganzheitlich. Es sind nicht nur Antworten, die dein Verstand gibt – denn es sind auch dein Körper und dein Empfinden beteiligt. Und die beiden wissen oft Dinge, die unserem Verstand nicht bewusst sind.

1.1 Wie wichtig ist dir eine Veränderung jetzt?

Zuallererst kläre für dich, wie wichtig eine Veränderung deines Verhaltens an diesem Punkt in deinem Leben ist. Auf einer Skala von 0 bis 10: 0 bedeutet „überhaupt nicht wichtig", 10 bedeutet „absolut wichtig":

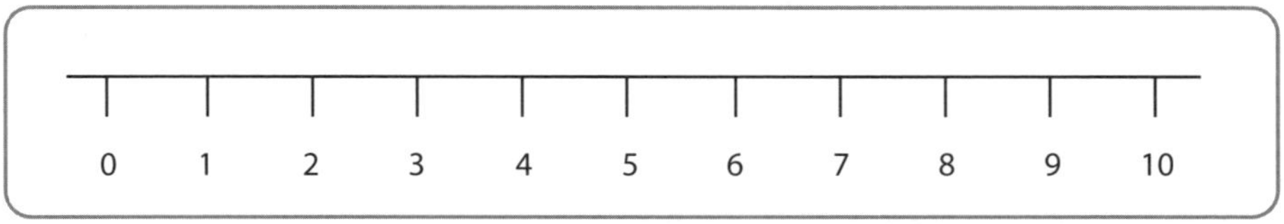

Abbildung 1.1: Wie wichtig ist es für dich, etwas an deinem Perfektionismus zu ändern?

ÜBUNG 1.1

Deine Motivation jetzt

Los geht es mit der ersten Übung:

1. Nimm dir Zeit, um in dich hineinzuspüren: Wo auf der Skala (Abbildung 1.1) stehst du in diesem Moment? Zeichne einen Kreis um die Zahl in der Skala. Falls du das E-Book nutzt, notiere den Wert in deinem Notizbuch zum Kurs.
2. Wenn das Ergebnis größer als 0 ist: Aus welchen Gründen ist dir eine Veränderung wichtig? Nimm dir das Notizbuch, das du für diesen Kurs verwendest (oder ein leeres Blatt Papier), und notiere alle Gründe.
3. Wenn das Ergebnis nicht 10 ist: Was müsste geschehen, damit die Veränderung noch wichtiger für dich wird? Notiere auch das.

1.2 Was gewinnst du durch die Veränderung?

Damit wir ein Verhalten aufgeben, das wir schon viele Jahre zeigen, muss der Leidensdruck extrem hoch sein – oder die Vorteile des neuen Verhaltens müssen sehr große Zugkraft besitzen. Deshalb werden wir uns in den nächsten Übungen genau ansehen, was dich dein perfektionistisches Verhalten heute und in der Zukunft kostet und was du gewinnen kannst, wenn du es veränderst.

ARBEITSBLATT zu Übung 1.2

Die Vor- und Nachteile der Veränderung (Eigenwahrnehmung)

Die **Vorteile**, wenn ich nichts ändere	Die **Nachteile**, wenn ich nichts ändere
Die **Vorteile**, wenn ich meinen Perfektionismus ändere	Die **Nachteile**, wenn ich meinen Perfektionismus ändere

ÜBUNG 1.2

Die Vor- und Nachteile meines Perfektionismus

Du stehst vor der Entscheidung, ob du etwas an deinem Verhalten verändern willst. Da hilft es, dir klar vor Augen zu führen, wo du jetzt stehst und was die Vorteile und die Nachteile der Veränderung sind.

1. Drucke dir das Arbeitsblatt 1.2 aus. Oder nimm ein weiteres Blatt, mindestens DIN A4, zeichne wie auf dem Arbeitsblatt dargestellt vier Felder ein und beschrifte sie.
2. Jetzt nimm dir viel Zeit und fülle die vier Felder aus. Ich empfehle dir, zuerst die beiden Felder links anzugehen, also die Vorteile zu notieren. Und im Anschluss die Nachteile. Spicken auf deine Notizen zu Übung 1.1 ist nicht nur erlaubt, sondern erwünscht.
3. Ich empfehle dir auch, jemanden, der/die dir nahesteht, um Unterstützung zu bitten: Zeichne die Felder auf einem zweiten Blatt ein und beschrifte sie – dabei ersetzt du „ich" durch deinen Namen, „ändere" durch „ändert" und „meinen" durch „seinen" bzw. „ihren" (wenn du für die Fragen und Antworten ein A5-Heft nutzt, nimm für diese Übung ein separates A4-Blatt). Dann bitte die Person, den Bogen für dich auszufüllen – am meisten hast du davon, wenn die Person deines Vertrauens ehrlich antwortet und nicht versucht, höflich zu sein, um dir nicht wehzutun. Alle meine Klient*innen, die diese Übung bisher gemacht haben, fanden es sehr hilfreich zu erfahren, wie andere die schädlichen Auswirkungen ihres Perfektionismus wahrnehmen. Für diesen dritten Schritt findest du in der PDF-Datei unter ↗ http://www.junfermann.de ebenfalls eine Vorlage (Arbeitsblatt 1.2 b): „Die Vor- und Nachteile der Veränderung (Fremdwahrnehmung)".

Falls dir die Aufgabe aus Schritt 3 im Moment zu heftig erscheint: Überspringe sie jetzt und hole sie nach, wenn du im Lauf des Kurses merken solltest, dass deine Motivation nachlässt.

ÜBUNG 1.3

Blick in die Zukunft

Die Veränderung von gewohntem Verhalten ist mit Anstrengung verbunden. Deshalb schieben wir Veränderung oft auf – „Ich kann ja nächsten Monat damit anfangen ... oder nächstes Jahr". Da hilft ein Blick in die Zukunft, um dir klar vor Augen zu führen, was passiert, wenn du jetzt nichts änderst – und wo du in einem Jahr stehen kannst, wenn du jetzt anfängst.

1. Drucke dir die beiden Arbeitsblätter 1.3 a und 1.3 b aus. Oder nimm dir zwei DIN-A4-Blätter und übertrage die beiden folgenden Arbeitsblätter darauf. Lass zwischen den einzelnen Lebensbereichen Raum, damit du genügend Platz für die Antworten in der rechten Spalte hast.

2. Hole dir nun vor dein geistiges Auge, wie dein Leben in einem Jahr sein wird, wenn du nichts veränderst und dein Perfektionismus wie bisher sein wird. Stell dir vor, wie es sich dann anfühlen wird, was du dann tust, was du hörst, vielleicht auch, was du riechst und schmeckst.
3. Danach fülle die rechte Spalte des Arbeitsblattes 1.3 a aus. Lass dir dabei Zeit, spüre in dich hinein, nimm mit allen Sinnen wahr. Gib dich nicht mit der erstbesten Antwort zufrieden.
4. Nun stelle dir vor deinem geistigen Auge vor, wie dein Leben in einem Jahr sein wird, wenn du jetzt anfängst, die negativen Seiten deines Perfektionismus abzulegen. Lass dir dafür ruhig mehr Zeit. Genieße diese Vorstellung mit allen Sinnen.
5. Fülle dann die rechte Spalte des Arbeitsblattes 1.3 b aus.

Fokussiere dich bei Schritt 4 auf **Möglichkeiten** (nicht so sehr darauf, was du konkret tun wirst – darum wird es in der nächsten Übung gehen). Auf das Blatt 1.3 b wirst du Dinge schreiben wie:

„Dann ...

- ... habe ich mehr Zeit für meine Kinder."
- ... kann ich guten Gewissens zweimal pro Woche zum Yoga gehen."
- ... mache ich mir weniger Sorgen und kann besser schlafen."
- ... wird die Vorbereitung auf den Vortrag entspannter, und ich werde es genießen, dass mir 50 Leute zuhören."

ARBEITSBLATT zu Übung 1.3 a

Blick in die Zukunft mit Perfektionismus

In einem Jahr immer noch MIT dem Perfektionismus	
Lebensbereich	Was wird in diesem Bereich passiert sein?
Arbeit / Studium / Schule	
Meine Beziehung	
Meine Kinder	
Meine Familie	
Meine Freunde / Freundinnen	
Meine Finanzen	
Meine Gesundheit	
Mein spirituelles Leben	
Weitere Bereiche	

ARBEITSBLATT zu Übung 1.3 b

Blick in die Zukunft ohne Perfektionismus

In einem Jahr OHNE den Perfektionismus	
Lebensbereich	Was ist in diesem Bereich dann **möglich**?
Arbeit / Studium / Schule	
Meine Beziehung	
Meine Kinder	
Meine Familie	
Meine Freunde / Freundinnen	
Meine Finanzen	
Meine Gesundheit	
Mein spirituelles Leben	
Weitere Bereiche	

ÜBUNG 1.4

Was tust du? Wer bist du dann?

1. Drucke dir das Arbeitsblatt 1.4 zu dieser Übung aus oder übertrage es von Hand auf ein A4-Blatt.
2. Stell dir vor, du hast alle negativen Seiten deines Perfektionismus abgelegt (ob in einem Jahr oder in drei Monaten oder ...). Nimm wahr, wie sich das anfühlt, was du tust. Nimm wahr, was du siehst, hörst, riechst, schmeckst ... Lass dir Zeit damit.
3. Dann fülle das Blatt aus. Hier geht es darum, dass du dir ganz konkrete Dinge vorstellst, die du dann tust. Und wenn du diese Dinge tust: Wer bist du dann?

Damit deutlich wird, was ich meine: *Nehmen wir Katja aus dem Fallbeispiel 2 aus der Einleitung. Nachdem sie ihren Perfektionismus überwunden hatte, war sie in der Lage, Freunde einzuladen, sich angeregt mit ihnen zu unterhalten, sich über Lob für das Essen freuen, zu flirten und noch mehr (das wären für Katja die Antworten auf die Frage „Was tust du?"). Sie fühlte sich als gute und entspannte Gastgeberin, als anregende Gesprächspartnerin, als attraktive Frau („Wer bist du?").*

ARBEITSBLATT zu Übung 1.4

Strahlende Zukunft

Ich – ohne den Perfektionismus	
Lebensbereich	Was tue ich in diesem Bereich? Wer bin ich in Bezug auf diesen Bereich?
Arbeit / Studium / Schule	
Meine Beziehung	
Meine Kinder	
Meine Familie	
Meine Freunde / Freundinnen	
Meine Finanzen	
Meine Gesundheit	
Mein spirituelles Leben	
Weitere Bereiche	

1.3 Was willst du verändern – und was nicht?

O.k., für die Frage, WAS du verändern willst, ist es noch zu früh – das wirst du in den nächsten Lektionen für dich entscheiden. Damit du richtig loslegen kannst, ist die zweite Frage wichtiger.

ÜBUNG 1.5

Was darf so bleiben wie bisher?

Nicht alles am Perfektionismus ist schlecht. Das Streben nach möglichst guter Leistung kann ja sehr positiv und motivierend sein. Und bei manchen Tätigkeiten gehört das Streben nach Fehlerfreiheit zur Grundvoraussetzung (wenn du in der Autowerkstatt die Bremsen meines Wagens gewechselt hast, verlasse ich mich darauf, dass du wirklich gründlich gearbeitet hast).

Deshalb ist es nicht das Ziel dieses Kurses, dass du den Perfektionismus komplett und in allen Bereichen des Lebens ablegst.

1. Nimm dir ein leeres DIN-A4-Blatt und lies dir das ausgefüllte Blatt zu Übung 1.2 durch.
2. Gehe in dich und frage dich: Welche der Vorteile, die mein Perfektionismus hat, will ich behalten? Notiere diese Punkte – und auch die Gründe dafür.
3. Gehe dann diese Punkte noch einmal durch und frage dich: Muss ich ... wirklich, wirklich zu 100 Prozent beibehalten? Oder reicht es, wenn ich das nur noch zu 60, 70 oder 80 Prozent tue? Schreibe die Prozentzahl hinter die einzelnen Punkte.
4. Wenn du hinter einem Punkt nicht 100 Prozent notiert hast: Was bedeutet das konkret?

Bleiben wir bei Katja: Natürlich wollte sie auch weiterhin eine saubere, aufgeräumte Wohnung haben, wenn Gäste kommen, das Essen sollte allen schmecken, die Gläser und das Geschirr sollten sauber sein und so weiter. Natürlich wollte sie auch weiterhin das Bad putzen, das Wohnzimmer saugen und aufräumen, bevor Besuch kommt. Aber Fensterputzen muss heute nicht mehr sein, vor allem nicht in der ganzen Wohnung und nicht vor jeder Einladung. Und das Saugen im Schlafzimmer spart sie sich heute auch (das tut sie ja ohnehin einmal pro Woche).

Und da ihr Ziel heute ist, entspannt mit ihren Gästen am Tisch sitzen zu können, hat sie sich klare Vorgaben gesetzt, wie viel Zeit sie zum Beispiel für das Putzen aufwendet. So bleibt ihr genug Zeit zum Kochen und zum Umziehen, bevor die Gäste kommen.

*Mir zum Beispiel sind Schreib- und Grammatikfehler peinlich. Deshalb gebe ich meine Manuskripte erst nach zwei Korrekturdurchläufen in den Verlag. Obwohl ich weiß, dass da noch ein menschlicher Korrektor oder eine Korrektorin den Text durchsieht – oder vielleicht gerade, weil ich mir vor Korrektor*innen keine Blöße geben will. Schließlich beherrscht in meinen Augen ein guter Autor die deutsche Sprache und liefert keinen Pfusch ab. Ja, ich weiß, dass das nicht alle so sehen.*

1.4 Plan B – es ist gut, vorbereitet zu sein

Im Coaching und in Seminaren nutzt man gern die Visualisierung von Zielen (ich tue das auch, auch in diesem Kurs). Dabei werden die Klient*innen / Teilnehmer*innen eingeladen, sich mit allen fünf Sinnen vorzustellen, dass sie das Ziel bereits erreicht haben (nicht nur mit den Augen, wie der Begriff „Visualisieren“ nahelegt). Das kennst du ja schon vom Anfang dieser Lektion: Was tust du, wenn du dein Ziel erreicht hast, was siehst du, was hörst du, was empfindest du, was riechst und schmeckst du?

Sinn der Übung: Das ist fast wie ein Testlauf. Wie wird es sein, wenn du das Ziel erreicht hast? Je lebendiger diese Vorstellung ist, desto größer ist die Zugkraft des Ziels. Das soll dir dabei helfen, dass du dich auf den Weg machst und es ins Ziel schaffst.

Die Psychologin Gabriele Oettingen von der University of Pennsylvania hat vor über zehn Jahren mit Studierenden, Angestellten und Krankenpfleger*innen eine Reihe von Experimenten zum Visualisieren durchgeführt. Sie hat festgestellt, dass das Visualisieren von Zielzuständen durchaus die beschriebene positive Wirkung hat. Sie hat aber auch herausgefunden, dass die Wirkung noch weitaus stärker ist, wenn sich die Testpersonen neben den positiven Aspekten auch mit den Hindernissen beschäftigen, die beim Erreichen des Ziels im Weg stehen können (Oettingen 2017).

Inzwischen hat sie ein Programm namens WOOP entwickelt, das wirkungsvoller als das reine Visualisieren dabei hilft, Ziele zu erreichen und angesichts von Schwierigkeiten durchzuhalten. WOOP steht für Wish, Outcome, Obstacle, Plan (übersetzt: Wunsch, Ziel, Hindernis, Plan), das sind die vier Schritte des Programms:

1. **Wish:** Formuliere dein Ziel (es sollte herausfordernd, aber für dich erreichbar sein).
2. **Outcome:** Stelle dir mit allen Sinnen vor, wie du das Ziel erreichst – was ist das Schönste, das Allerbeste dabei?
3. **Obstacle:** Was ist das wichtigste Hindernis, das dich davon abhalten könnte, dein Ziel zu erreichen? Das kann ein Hindernis im Außen oder im Inneren sein. Stelle dir auch dieses Hindernis mit allen Sinnen vor.
4. **Plan:** Nun stelle einen Wenn-dann-Plan auf: Was kannst du tun, um das Hindernis zu überwinden?

In der folgenden Übung gehen wir analog zu WOOP vor, machen es allerdings etwas intensiver.

ÜBUNG 1.6

Visualisieren mit Plan B

1. Dein Ziel hast du ja schon formuliert. Nun nimm dir ein Blatt oder nutze die Vorlage, die du dir unter ↗ http://www.junfermann.de herunterladen kannst, und notiere die Antworten auf die nächsten Fragen.
2. Stelle dir noch einmal mit allen Sinnen vor, wie es ist, dieses Ziel erreicht zu haben. Was du tust, siehst, hörst, empfindest, vielleicht auch, was du riechst und schmeckst. Was sind die drei Vorteile, die für dich die größte Zugkraft haben? Male dir diese Vorteile so intensiv wie möglich aus.
3. Was macht dir am meisten Angst, wenn du daran denkst, dein perfektionistisches Verhalten zu verändern? Notiere dir dazu zwei bis drei Punkte.
4. Was sind die drei wichtigsten Hindernisse, die dem Erreichen deines Ziels im Weg stehen könnten? Nimm dir etwas Zeit und stelle dir mit allen Sinnen diese drei Hindernisse vor.
5. Wie kannst du verhindern, dass diese drei Hindernisse das Erreichen des Ziels vereiteln?
6. Welche Schritte kannst du unternehmen, damit die Hindernisse gar nicht erst auftreten? Und wie gehst du mit den Hindernissen um, falls sie doch auftauchen?

Natürlich kann es noch mehr Hindernisse geben, die im Laufe des Kurses auftauchen. Auch wenn die Versuchung groß ist: Es geht nicht darum, jetzt sämtliche denkbaren Probleme zu identifizieren und für jedes davon einen detaillierten Notfallplan auszuarbeiten. Dann kommst du niemals dazu, den ersten Schritt zu machen. **Es reicht, wenn du weißt, dass du auf die drei wichtigsten Hindernisse vorbereitet bist.**

1.5 Wie hoch ist deine Motivation jetzt?

Nun, am Ende der 1. Lektion: Wie motiviert bist du jetzt, die nächsten Lektionen anzupacken?

ÜBUNG 1.7

Wie hoch ist deine Motivation?

Auf der Skala steht 0 für „überhaupt nicht“, 10 bedeutet „mehr Motivation geht nicht“.

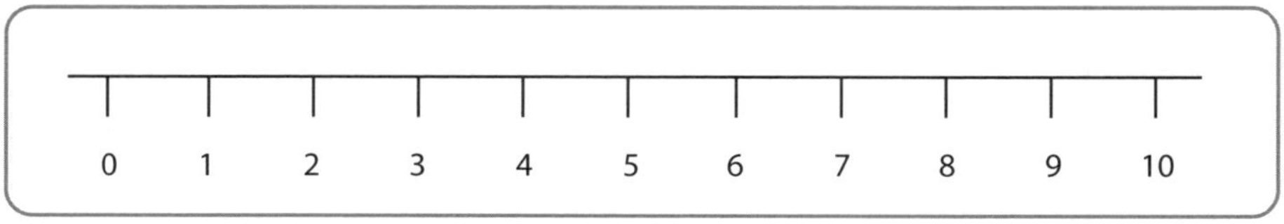

Abbildung 1.2: Wie hoch ist deine Motivation jetzt, etwas an deinem Perfektionismus zu ändern?

Falls dein Wert 5 oder niedriger ist: Ist jetzt wirklich der richtige Zeitpunkt für diesen Kurs? Wenn ja: Gehe diese Lektion noch einmal durch, bevor du dich an die nächsten Lektionen machst.

Und wenn dein Wert nicht bei 10 liegt? Kein Problem. Solange deine Motivation hoch genug ist, dass du mit Lektion 2 fortfahren willst. Außerdem weißt du bereits etwas Wichtiges, um das es in Lektion 2 gehen wird.

Es macht auch überhaupt nichts, wenn der Wert jetzt niedriger ist als am Anfang der Lektion. Im Gegenteil: Der jetzige Wert ist realistischer.

Lektion 2 | Hinderliche Denkmuster verändern

Was musst du über dich und die Welt um dich herum denken, um dich so zu verhalten, wie Perfektionist*innen das meist tun? In dieser Lektion schauen wir uns typische Denkmuster von Perfektionist*innen an. Dann stelle ich drei „neue" Perspektiven vor, die dir aus der Perfektionismus-Falle helfen. Damit nimmst du die Last von deinen Schultern und kommst entspannter ins Tun.

Der Fahrplan für diese Lektion

1. Typische Denkmuster von Perfektionist*innen
2. Realitäts-Check
3. Für wen muss es perfekt sein?
4. Drei Denkmuster, mit denen du aus der Perfektionismus-Falle aussteigst
5. Den Druck reduzieren mit dem Beta-Mindset
6. Perspektivwechsel: auf den Prozess fokussieren statt auf das Ergebnis
7. Pareto Plus: Gut ist oft gut genug
   Exkurs: destruktives und konstruktives Feedback

2.1 Typische Denkmuster von Perfektionist*innen

Kennst du Gedanken wie die folgenden?

- Ich darf auf keinen Fall Fehler machen.
- Alles, was ich tue, muss perfekt sein.
- Ich muss gleich beim ersten Wurf alles richtig machen.
- Ich muss mich nur genügend anstrengen, dann schaffe ich das schon. / Wenn ich es nicht schaffe, dann habe ich mich nicht genügend angestrengt.
- Wenn ich perfekt bin, wird alles gut. / Wenn ich perfekt bin, werden mich alle (bzw. Person X) mögen.
- Entweder es ist perfekt / fehlerlos oder es ist Scheiße. Was ich mache, mache ich richtig – oder gar nicht.
- Perfektion ist möglich.

ÜBUNG 2.1

Meine Denkmuster

1. Nimm dir einen Zettel und notiere die Antworten auf die folgenden Fragen:
   Welche der Gedanken von oben erkennst du wieder? Bei welchen nickst du innerlich?
   Welche weiteren Denkmuster hast du, die mit Perfektsein und Müssen zu tun haben?
2. Ergänze die Liste in den nächsten Tagen.

2.2 Realitäts-Check

- **Jede(r) macht Fehler.**
  Wir sind keine Maschinen, die fehlerfrei arbeiten – und selbst Maschinen funktionieren nicht immer richtig. Natürlich sind Fehler ärgerlich, manchmal teuer und gefährlich. Dennoch: Fehler lassen sich nicht immer vermeiden. Wichtig ist, wie man mit Fehlern umgeht – sie aus Angst vor Kritik zu ignorieren oder zu verschweigen ist jedenfalls keine gute Option.
- **Fehler sind dein Freund.**
  Wir lernen aus Fehlern meist mehr als aus Erfolgen. Wenn du davon ausgehst, dass (dir) Fehler passieren können, und dich nicht dafür verurteilst, dann kannst du sie als Chance begreifen. Der Erfinder Thomas Edison soll nach über 1000 Versuchen, eine marktreife Glühbirne zu entwickeln, gesagt haben, er sei nicht gescheitert, sondern habe 1000 Wege gefunden, die nicht funktionieren. Manchmal führen Fehler auch zu unerwarteten Ergebnissen: Kolumbus wollte eigentlich nach Indien segeln …
  Wer Angst hat, Fehler zu machen, wird sich kaum trauen, etwas Neues auszuprobieren – das ist einer der größten Kreativitätskiller überhaupt.
- **Feedback kann dich weiterbringen.**
  Feedback kann dir helfen, aus Fehlern zu lernen – aber nur, wenn es konstruktiv ist. Wenn dich jemand mit mehr Erfahrung, mehr Wissen oder auch mehr Abstand auf Schwächen in einem Plan, auf Fehler oder fehlende Dinge hinweist, hast du die Möglichkeit, dein Vorgehen zu korrigieren. Mir ist bewusst, dass Feedback destruktiv sein kann und oft auch ist. Wie Feedback wirkt, hängt stark von der Person ab, die es gibt, und von ihren Absichten.
  Wann Feedback konstruktiv ist und wie du mit destruktivem Feedback umgehen kannst, beschreibe ich in einem Exkurs im Anschluss an diese Lektion.

- **Perfektion schützt dich nicht vor Kritik.**
  Wer nach Perfektion strebt, will keinerlei Angriffsfläche für Kritik bieten. Aber selbst wenn es dir gelingt, keine Fehler zu machen, kann es passieren, dass jemand noch ein Haar in der Suppe findet. Es gibt Menschen, denen kannst du es nicht recht machen – und wahrscheinlich ist die Person, wegen der du perfekt sein willst, so jemand.
  Eine meiner früheren Klientinnen spielt Klavier – auch wenn sie fehlerfrei spielt, kritisiert ihre Mutter sie, dass sie zu viel Gefühl hineinlegt oder zu wenig oder an den falschen Stellen …

- **Fehler trotz – oder wegen – höherer Anstrengung.**
  Wenn du dich noch **mehr anstrengst**, kann es sein, dass du **mehr Fehler** machst. Perfektionist*innen hängen gern noch ein, zwei oder mehr Stunden dran, weil sie glauben, dass sie einfach nur mehr Zeit und Anstrengung in eine Aufgabe investieren müssten. Nur leider schleichen sich leichter Fehler ein, wenn wir Überstunden machen und unsere Konzentration nachlässt.

- **Perfektion macht dich nicht glücklich.**
  Der Versuch, alle Fehler zu vermeiden, ist unheimlich anstrengend. Er führt zu hohem Druck und macht verbissen. Selbst wenn du es schaffen solltest, Perfektes zu leisten, bist du am Ende so erschöpft und gereizt, dass du den Erfolg nicht genießen kannst.

- **Es gibt mehr als „entweder perfekt oder Scheiße".**
  Mit dem für Perfektionismus typischen Schwarz-Weiß-Denken befassen wir uns in dieser Lektion noch ausführlicher.

- **Was heißt eigentlich perfekt?**
  Wie sieht ein perfekter Körper aus? Wie verhält sich eine perfekte Mutter? Wie lautet die perfekte Überschrift?

- **Wer definiert „perfekt" überhaupt?**
  Mir ist klar, dass dich diese Argumente allein nicht dazu bringen werden, perfektionistisches Verhalten zu ändern. Denn hinter dem Verhalten stecken in der Regel andere Beweggründe. Mir reicht es zu diesem Zeitpunkt, wenn du etwas sagst wie: „Ja, rein rational verstehe ich das – aber ich kann (im Moment noch) nicht anders."

2.3 Für wen muss es perfekt sein?

Meine These ist, dass wir alle jemanden haben, wegen dem oder für den wir perfekt sein müssen – und das sind nicht wir selbst. Die meisten Perfektionist*innen, die bei mir im Coaching waren, haben oder hatten so jemanden, auch wenn sich viele dessen erst einmal nicht bewusst waren.

In Coachings ist es oft ein kitzliger Punkt, wenn ich frage, für wen meine Klient*innen perfekt sein wollen. Da gibt es erst einmal heftige Widerstände: „Natürlich" tun sie es für sich, sie haben eben einen hohen Anspruch an sich, sie wollen Höchstleistung liefern, sie wollen keine Fehler machen (manche dürfen auch nicht), sie wollen sich vor Kritik schützen.

Nur: Wenn du es tatsächlich *nur* für dich tust, dann müsstest du damit auch einfach aufhören können. Es ist ja ungeheuer anstrengend, perfekt sein zu wollen. Du stehst unter einem riesigen Druck, jeder Schritt kann ein Fehler sein. Das lässt dich nachts nicht ruhig schlafen, das führt zu körperlichen Beschwerden. Das lähmt dich, du fängst oft wichtige Projekte gar nicht erst an oder gibst mittendrin auf.

Deshalb: Es gibt noch jemand anderen, für den es perfekt sein muss.

Ich habe es in der Einleitung schon geschrieben: Wir kommen nicht als Perfektionist*innen auf die Welt. In den ersten Jahren spielen Kinder, ohne sich Gedanken um Fehler zu machen. Sie probieren einfach alles aus. Wie oft versuchen Krabbelkinder aufzustehen, bis es endlich klappt? Kein Krabbelkind wartet auf den Zeitpunkt, an dem es perfekt aufstehen kann, ohne wieder auf den Hosenboden zu plumpsen. Kinder lernen durch Ausprobieren und dazu gehören nun mal Fehler. Aber irgendwann erfahren sie, dass Fehler schlecht sind und man keine Fehler machen darf.

Manche Kinder entwickeln die ersten Anflüge von Perfektionismus aufgrund der Erfahrungen, die sie machen, wenn ihnen Fehler unterlaufen. Und zwar wegen der Reaktion von Bezugspersonen, also typischerweise von den Eltern, Großeltern oder anderen, mit denen sie in der Kindheit zu tun hatten (nahe Verwandte, Personen aus dem Kindergarten oder der Schule).

ÜBUNG 2.2

Für wen muss es perfekt sein?

1. Nimm dir ein Blatt und schreibe oben „Für wen muss es perfekt sein?“ hin.
2. Jetzt notiere spontan, für wen du die Dinge perfekt machen willst. „Nur für mich“ reicht als Antwort nicht.
3. Lege die Liste beiseite und gehe eine Runde spazieren.
4. Gehe später die Liste noch einmal durch. Wer fehlt da noch?
5. Picke jetzt die Person (vielleicht auch zwei Personen) heraus, auf die es wirklich ankommt. Ein Tipp: Du bist es nicht. Wer ist es? Vor wessen Kritik hast du am allermeisten Angst? Nimm dir Zeit dafür. Wessen Kritik tut am meisten weh? Von wem wünschst du dir am dringendsten Anerkennung?

Auch wenn es vielleicht paradox klingt: Es kann auch eine Person sein, die nicht mehr lebt. Bei mir war es mein Vater, und der war zu der Zeit, als mein Perfektionismus anfing, mein Leben massiv zu beeinträchtigten, schon acht Jahre tot.

Wir werden in Lektion 4 und 5 noch weiter mit der Person „arbeiten“, wegen der du perfekt sein musst. Für den Moment kommt es nur darauf an, zu erkennen, dass dein Perfektionismus nicht nur mit dir zu tun hat. Dass da noch jemand anderes im Spiel ist.

Und es geht nicht darum, einen Sündenbock zu finden.

2.4 Drei Denkmuster, mit denen du aus der Perfektionismus-Falle aussteigst

Perfektionist*innen neigen zu Schwarz-Weiß-Denken: „Ich mach’s richtig oder gar nicht. Es muss perfekt sein, sonst werfe ich es weg. Wenn ich … nicht schaffe, dann bin ich ein kompletter Versager …“

Damit legst du die Latte so hoch, dass du nur scheitern kannst. Die Folge: Du fängst oft gar nicht erst an oder zögerst die Fertigstellung ewig hinaus. Denn sobald du sagst, dass das, woran du arbeitest (dein Vortrag, der Kuchen, das Bild …), fertig ist, setzt du es der Kritik aus – und nicht nur dein Werk, sondern dich als Person. Wenn das, was du geschaffen hast, nicht perfekt ist, dann bist auch du nicht perfekt, dann hast du versagt.

Und da es Perfektion in den allermeisten Fällen nicht gibt (wie schmeckt der perfekte Kuchen?), hast du von vornherein verloren.

Ein Klient vertraute mir einmal an, dass es für ihn buchstäblich um Leben und Tod gehe, wenn er bei seinem Projekt versage. Auch wenn er das wirklich so empfunden hat: Die Dramatik haben nicht sein Chef und seine Kollegen ins Spiel gebracht. Seine Kollegen haben händeringend darauf gewartet, dass er endlich irgendetwas liefert, mit dem sie dann hätten weiterarbeiten können. Letztlich musste sein Vorgesetzter ihm das Projekt entziehen und einem Kollegen übertragen, weil es sonst nicht fertig geworden wäre.

Selbst wenn du am Anfang dieser Lektion bei jedem Punkt des Realitäts-Checks genickt hast, wirst du wahrscheinlich nicht über Nacht zum effizienten Realisten / zur effizienten Realistin. Aber du kannst dir drei neue Denkmuster aneignen, die dir helfen, Schritt für Schritt aus der Perfektionismus-Falle auszusteigen.

Diese Denkmuster sind:
1. der Beta-Mindset
2. der Fokus auf den Prozess statt auf das Ergebnis
3. Pareto Plus

Am besten wirken die drei Muster in Kombination: Sie helfen dir,
- den Druck, alles richtig machen zu müssen, zu reduzieren,
- ins Tun zu kommen,
- loszulassen,
- Fehler und Schwachstellen zu beheben,
- dir Ideen, Tipps und Hinweise von anderen zu holen, ohne dass du dich als Versager*in fühlen müsstest,
- das, was du tust, rechtzeitig fertig zu bekommen.

2.4.1 Den Druck reduzieren mit dem Beta-Mindset

Wie schon gesagt: Der Moment, den Perfektionist*innen fürchten, ist der Moment, in dem sie ein Produkt oder Projekt aus den Händen geben. Denn dann können sie nichts mehr verbessern und müssen damit rechnen, dass jemand anders Fehler findet und sie dafür kritisiert. Deshalb schieben sie diesen Moment so weit hinaus wie nur möglich.

Perfektionist*innen sehen – ob bewusst oder unbewusst – Kritiker*innen als Gegner*innen, die versuchen, sie bei einem Fehler zu ertappen und zur Schnecke zu machen. Der Trick beim Beta-Mindset: Damit machst du (vermeintliche) Kritiker*innen zu Unterstützer*innen.

Ein Mindset ist eine Grundeinstellung, eine geistige Haltung. Wer mit einem Beta-Mindset an eine Aufgabe herangeht, weiß, dass die erste Fassung, die er anderen präsentiert, **kein fertiges Produkt** ist, sondern ein erster Schritt dorthin. Das nennt man in der Softwareentwicklung eine Betaversion.

Eine Betaversion weist in der Regel noch Fehler auf (das darf sie, denn sie ist ja noch nicht fertig). Wenn jemand in der Betaversion Fehler findet: Wunderbar, dann kannst du sie beheben, bevor das Produkt auf den Markt kommt. Außerdem können dir die Betatester*innen wertvolle Hinweise geben, die du, weil du so tief in der Materie steckst, vielleicht übersehen hast (Stichwort: Betriebsblindheit). Und sie werden dich in vielen Punkten bestärken und dir bestätigen, dass du auf dem richtigen Weg bist.

Mit den Hinweisen deiner Betatester*innen kannst du das Produkt verfeinern. Erfahrungsgemäß wird es am Schluss besser sein als das, was du allein im stillen Kämmerlein ausarbeitest.

Und das funktioniert nicht nur bei Software oder bei „Produkten" wie einem Buch, einem Vortrag oder einem Song, den du aufgenommen hast. Bei ganz vielen Dingen, die du tust, kannst du jemand anderen bitten: „Hey, schau dir das doch mal an. Was hältst du davon? Passt das so? Fällt dir noch was auf?"

Manchmal kann es auch hilfreich sein, Fragen zu stellen wie: „Wie könnte ich es noch besser machen?" oder „Fehlt noch was?". Mit solchen Fragen lenkst du den Blick allerdings auf eventuelle Defizite. Daher stelle ich sie nur Personen, die mir wohlgesonnen sind (siehe den Exkurs zum Feedback am Ende dieser Lektion).

Auch wenn du glaubst, dass das Beta-Mindset in deinem speziellen Fall nicht das geeignete Mittel ist: Die Haltung dahinter passt auf so gut wie jede Lebenslage: „Ich lerne durch das Tun und indem ich mir Rückmeldung von anderen geben lasse. Ich strebe danach, mich beständig weiterzuentwickeln. Rückmeldung von anderen hilft mir dabei, besser zu werden."

Wenn du beispielsweise danach strebst, die perfekte Mutter oder der perfekte Vater zu sein, bedeutet das Beta-Mindset nicht notwendigerweise, dass du erst mal mit den Nachbarskindern übst. Sondern es bedeutet, dass du handelst, wie du es für richtig hältst, und Personen, auf deren Meinung du Wert legst, um Rückmeldung bittest.

Fallbeispiel 5: der Betatest für dieses Buch

*Ich habe das mit diesem Buch auch so gehalten: Drei Betatester*innen haben während der Entwicklung sämtliche Übungen ausprobiert und mir mit ihren Rückfragen gezeigt, wo ich die eine oder andere Anleitung noch klarer formulieren sollte. Auch die Reihenfolge der Lektionen hatte ich ursprünglich anders geplant. Anders als bei früheren Projekten ist es mir dieses Mal leichtgefallen, anderen schon frühzeitig eine Betaversion zu zeigen. Früher habe ich das oft bis zum letztmöglichen Termin hinausgezögert.*

Da aber klar war, dass es sich um eine Betaversion handelt, fiel es mir wesentlich leichter, loszulassen und mir Rückmeldungen einzuholen. Das Feedback konnte ich dann in die nächste Version einbauen, diese nochmals testen lassen und die Lektionen dann im Vertrauen darauf, dass ich nichts Gravierendes übersehen habe, an den Verlag zum Lektorieren weitergeben.

Noch ein Tipp: Win-win-Situationen schaffen

Ich achte darauf, dass meine Betatester*innen auch etwas von dem Betatest haben (Win-win). In diesem Fall waren es eine Kollegin und ein Bekannter, die lernen wollten, entspannter mit ihrem Perfektionismus und den eigenen Anforderungen an ihre Leistungen umzugehen.

Außerdem habe ich mich mit einem Autorenkollegen und Freund zusammengetan: Wir lesen die Manuskripte des anderen gegen und geben uns Feedback. So darf ich mich öfter mit Science-Fiction-Geschichten vergnügen und mein Freund A. bildet sich mit Ratgeberliteratur und Seminarunterlagen weiter.

Die Vorteile des Beta-Mindsets

Das Beta-Mindset hat für mich eine Reihe von Vorteilen:

- Ein Betatest ist eine in der Industrie bewährte Methode, Fehler zu entdecken und zu beheben, bevor das Produkt (was auch immer es ist) fertig ist und auf den Markt kommt.
- Ich bekomme frühzeitig Feedback und verhindere so, dass ich wichtige Dinge übersehe oder mich in eine Sackgasse manövriere.
- Ich erhalte frühzeitig die Bestätigung, dass ich mich auf dem richtigen Weg befinde, bzw. kann noch rechtzeitig eine andere Richtung einschlagen.
- Ich hole mir Unterstützung von außen, und das entlastet mich: Die Angst, etwas Wichtiges übersehen zu haben, wird kleiner.

- Ich komme schneller ins Tun und werde insgesamt – trotz der Änderungsschleifen – früher fertig.
- Die quälenden Zeiten vor der Abgabe, in denen ich das fertige Produkt noch einmal überprüfe und dann noch einmal, fallen viel kürzer aus.

Übrigens: Ich sehe das fertige Produkt immer noch als „meins", auch wenn vielleicht Ideen und Vorschläge anderer eingeflossen sind. Die Grundidee und die Ausarbeitung stammen schließlich nach wie vor von mir.

Vielleicht denkst du ja, dass du für einen Betatest einfach keine Zeit hast. So habe ich auch lange gedacht. In der Praxis hat sich gezeigt: Ich komme schneller ins Tun und kann das Produkt früher aus den Händen geben, da ich dank meiner Betatester*innen weiß, dass ich nichts Wichtiges übersehen habe.

Ich dachte anfangs, die Zeit für den Betatest müsste ich zu der für mich geplanten Zeit dazurechnen. In der Praxis war das nicht nötig, denn meine Betatester*innen haben teilweise parallel zu mir gearbeitet. Dazu musste ich allerdings beispielsweise die Lektionen 1 und 2 schon „loslassen", damit der Test laufen konnte, während ich an den Lektionen 3 und 4 geschrieben habe.

Hinweis: Keine Schlamperei

Beta-Mindset heißt für mich nicht, dass ich schlampige Arbeit liefere. Die Betatester*innen bekommen eine Version, die in meinen Augen weitestgehend fertig ist, sie ist halt noch nicht fein poliert. Ich fände es den Betatester*innen gegenüber unverschämt, ihre Zeit mit etwas zu verschwenden, was ich schnell mal hingerotzt habe.

ÜBUNG 2.3

Die Vorteile des Beta-Mindsets

1. Nimm ein Blatt und schreibe oben als Überschrift fett „Vorteile des Beta-Mindsets für mich" hin. Ich empfehle dir, dieses Blatt z. B. mit einem Post-it zu markieren, sodass du es später leicht wiederfindest.
2. Suche dir ein berufliches oder privates Vorhaben aus, mit dem du dich in der nächsten Zeit beschäftigen willst. Notiere alle Vorteile, die ein Betatest dieses Vorhabens für dich hat.
3. Ergänze die Liste in den nächsten Tagen, wenn dir noch weitere Vorteile einfallen.

ÜBUNG 2.4

Beta-Mindset ausprobieren

Spätestens wenn das Vorhaben ansteht, besser schon vorher:

1. Überlege dir, wie du das Vorhaben mit einem Beta-Mindset angehen könntest. Dabei helfen dir die Fragen aus den beiden Arbeitsblättern zu dieser Übung. Hier im Buch sind die Fragen auf einer Seite zusammengefasst, erfahrungsgemäß brauchst du aber zwei Seiten, um sie zu beantworten (deshalb sind sie in der PDF-Datei mit den Arbeitsblättern auf zwei Seiten aufgeteilt: Arbeitsblatt 2.4 a und 2.4 b).
2. Bist du bereit, das Experiment zu wagen und bei diesem Vorhaben einen Betatest zu starten? Wenn es eine größere Aufgabe ist und du mehrere Tage dafür veranschlagst, empfehle ich zur Unterstützung zusätzlich die übrigen beiden Methoden aus dieser Lektion.
3. Falls du nicht bereit bist: Was würde es dir leichter machen, schon vor der Fertigstellung eine Betaversion herzuzeigen?

Entscheidend sind zwei Dinge beim Betatest:

- Wen wählst du als Testperson aus?
- Welche „Aufgaben" gibst du deinen Betatester*innen? Je präziser du formulierst, was du wissen willst, desto besser. Ich sage gern auch dazu, worauf sie nicht achten müssen – das spart ihnen und mir Zeit.
  Weil diese Punkte so wichtig sind, findest du am Ende der Lektion noch einen Exkurs zum Thema Feedback (Von wem? Von wem nicht? Konstruktiv oder destruktiv?).

ARBEITSBLATT zu Übung 2.4

Betatest vorbereiten

Betatest
Wen könnte ich fragen, ob er / sie sich die Betaversion anschauen und mir Feedback geben will?
Auf welche Punkte sollen meine „Betatester*innen" achten? Worauf nicht?
Wann muss mein Projekt insgesamt fertig sein?
Wie viel Zeit brauchen meine Tester*innen (geschätzt)?
Wie viel Zeit brauche ich, um die Änderungsvorschläge einzubauen (geschätzt)?
Wann muss ich die Betaversion den Tester*innen geben?
Bis wann brauche ich die Änderungsvorschläge?

ÜBUNG 2.5

Beta-Mindset ausweiten

1. Nimm dir ein Blatt und notiere die größeren und wichtigen Vorhaben, die derzeit und in nächster Zeit anstehen.
2. Überlege dir für drei bis fünf davon, wie du sie mit einem Beta-Mindset angehen könntest.
3. Nimm dir ein oder zwei der Vorhaben und packe sie, wenn es so weit ist, mit dem Beta-Mindset an.

2.4.2 *Perspektivwechsel: auf den Prozess fokussieren statt auf das Ergebnis*

Für Perfektionist*innen ist es schwer, anzufangen und am Ende loszulassen. Denn sie konzentrieren sich auf das Ergebnis. Und wenn es da nur hopp oder topp gibt, dann ist Aufschieben ein Mittel, um mit dem hohen Druck umzugehen, den die Angst vor einem möglichen Scheitern auslöst.

Fallbeispiel 6: der Mann, der monatelang niemand in seine Wohnung ließ

Robert war es wichtig, dass seine gesamte Wohnung tipptopp aufgeräumt und perfekt geputzt war, bevor er jemanden zu sich einladen konnte. Allerdings fiel ihm das Aufräumen und Putzen schwer. Er wusste nie, wo er anfangen sollte, schließlich gab es ja so viele Baustellen, so viel, was nicht perfekt war. Und der Gedanke daran, wie lange es dauern würde, die Wohnung auf Vordermann zu bringen, raubte ihm jede Energie. So kam es, dass seine Wohnung immer mehr verstaubte, dass sich Zeitungen, Bücher, CDs stapelten, dass er die gewaschene Wäsche nicht mehr in den Schrank räumte, dass er schmutziges Geschirr in der Spüle stehen ließ. Und je mehr herumstand, desto weniger Energie hatte Robert, irgendetwas wegzuräumen. Deshalb blockte er auch alle Besuche von Verwandten und Freunden ab. Auch sein Liebesleben schlief ein, weil er niemanden mehr zu sich nach Hause mitnehmen wollte.

Das ist typisch: Einerseits ein sehr hoher Anspruch (alles muss tipptopp aufgeräumt sein), andererseits die Energielosigkeit und Lähmung angesichts der riesigen Aufgabe.

Fokus auf den Prozess – was heißt das?

Gegen die Lähmung, die das Schwarz-Weiß-Denken bei Perfektionist*innen oft hervorruft, hilft ein Perspektivwechsel: Konzentriere dich nicht auf das Ergebnis, sondern auf den Prozess, also auf die Schritte, die dich zum Ergebnis bringen.

Konkret half Robert folgendes Vorgehen: Er ließ das unrealistische Riesenziel los, die gesamte Wohnung an einem Wochenende auf Vordermann zu bringen. Stattdessen nahm er sich vor, jeweils nur eine halbe Stunde aufzuräumen oder sauber zu machen. Er fing in der Küche an. Als nach einer halben Stunde der vorher gestellte Wecker klingelte, hörte er auf und räumte die Putzsachen weg. Einen Tag später legte er die nächste 30-Minuten-Sitzung ein, am Wochenende sogar zwei solcher Sitzungen am Tag. Wichtig war, dass er in der Zeit nichts anderes tat als aufzuräumen, zu putzen bzw. abzuspülen. Kein Ausweichen, kein Flüchten. Auch kein „Ich muss noch schnell auf die Toilette" oder „Ich mach mir erst noch einen Kaffee …".

Fokus auf den Prozess hieß in Roberts Fall also: aufräumen, putzen, abspülen. Sich immer „nur" eine halbe Stunde daranzumachen hatte schlicht und einfach den Grund, dass die Aufgabe dadurch klein genug wirkte und nicht so überwältigend und lähmend wie „Ich bringe die Wohnung auf Vordermann". Für etliche der Aufgaben brauchte er auch mehr als eine 30-Minuten-Sitzung. Auf meine Empfehlung hin machte er aber jeweils beim Weckerklingeln Schluss. So war für ihn klar: Es dauert wirklich nur eine halbe Stunde, dann ist's auch wieder gut. So fiel ihm das Anfangen leichter.

Weil der Wechsel „weg vom Ergebnis hin zum Prozess" so entscheidend ist, hier noch ein zweites Beispiel: Statt dir vorzunehmen, beispielsweise Kapitel 3 deines Berichts zu schreiben, setze dir als Ziel, eine Stunde am PC zu sitzen und nichts anderes zu tun als zu schreiben – also keine E-Mails, kein Facebook, kein Web, kein Spiel. Und wenn eine Stunde zu lang ist, dann nimm 25 oder 30 Minuten. Diese Zeit ist ganz allein für das Schreiben gedacht. Wenn du nicht schreibst, dann sitzt du vor deiner Tastatur – und bleibst da auch.

Du hast „gewonnen", wenn du in der dafür reservierten Zeit dranbleibst und nichts anderes tust als zu schreiben. Löschen kannst du das Geschriebene hinterher immer noch. Oder es überarbeiten.

Ein Tipp: Freischreiben

Wenn beispielsweise Schreiben auf dem Plan steht, dir aber nichts einfällt, dann tippe einfach deine Gedanken in die Tastatur („Mir fällt nichts ein, ich sitze hier wie ein Depp. Lalelu und raus bist du. Immer noch nix. Aber ich tippe tapfer weiter ..."). Wenn du erst mal ins Tippen gekommen bist, wird dir auch etwas einfallen. Das Drauflostippen hat den Effekt, dass du den Gedankenmüll aus dem Gehirn raus-schreibst („Freischreiben"). Danach ist es in den meisten Fällen auch möglich, etwas Sinnvolles auf das Papier bzw. den Bildschirm zu bringen. Mehr zum Freischreiben findest du in Lektion 3.

Der Druck, unter den wir uns setzen, wenn wir ein perfektes Ergebnis erzielen wollen, lähmt uns. Dagegen hilft ein System, das auf den Prozess, also das Tun, fokussiert und nicht auf das (perfekte) Ergebnis. Das Tun sollte möglichst einfach sein – zum Beispiel: „Ich setze mich hin und tippe" (nicht: „Ich schreibe einen Blogbeitrag, in dem alles zum Thema x steht") oder „Ich übe eine Stunde lang am Klavier". Wenn du dich auf das Tun konzentrierst und nicht ständig das perfekte Ergebnis im Hinterkopf hast, dann kannst du die Aktivität genießen – und du wirst auch immer besser in dem, was du tust.

ÜBUNG 2.6

Auf den Prozess fokussieren

1. Suche dir eine größere Aufgabe, die du in der nächsten Zeit erledigen willst bzw. an der du gerade sitzt. Das sollte keine Aufgabe sein, die in einer Stunde erledigt ist.
2. Überlege dir, wie du die Aufgabe in kleine überschaubare Einheiten unterteilen kannst – entweder Zeiteinheiten oder kleine Aktionen (zum Beispiel fünf Liegestütze am Tag oder einmal den Yoga-Sonnengruß am Tag oder ...).
3. Plane dafür handhabbare Einheiten ein. Zeiteinheiten sollten nicht länger als eine Stunde sein, es sei denn, es gibt einen wirklich zwingenden Grund dafür. Pro Tag kannst du selbstverständlich mehrere Einheiten einplanen.
4. Wenn das sinnvoll ist, plane auch gleich noch die Zeit(en) am Tag ein, an denen du es tun wirst. Wenn du einen Terminkalender führst, blocke diese Zeiten.
5. Nimm dir ein DIN-A4-Blatt und notiere alle wichtigen Punkte (siehe das folgende Beispiel für die „Vereinbarung mit mir"). Damit triffst du eine Vereinbarung mit dir selbst, deren Umsetzung du in Lektion 3 beginnen kannst. (Eine Blankovorlage – Arbeitsblatt 2.6 – findest du in der Arbeitsblätter-PDF unter ↗ http://www.junfermann.de.)

Beispiel für eine Vereinbarung mit mir:

Vereinbarung mit mir	
Die Aufgabe:	*Mittelalter-Roman schreiben*
Meine Aktionen (= Prozess):	*(1) Freischreiben 15 Min.* *(2) 1 Std. Schreiben am Morgen* *(3) 2 x Freischreiben plus 1–1,5 Std. Schreiben am Wochenende*
Wann:	*(1) und (2) morgens um 8 Uhr* *(3) wann ich's einrichten kann*
Erfolg heißt:	*In der Zeit am PC sitzen und schreiben, keine Ablenkung*
	Datum, Unterschrift

2.4.3 *Pareto Plus: Gut ist oft gut genug*

Wenn dein Umfeld dich als Perfektionist*in kennt, hat es dich mit Sicherheit schon mit dem Pareto-Prinzip – auch bekannt als 80-20-Regel – genervt: Laut dem italienischen Ökonomen und Soziologen Vilfredo Pareto reichen in den allermeisten Fällen 20 Prozent des Gesamtaufwands aus, um 80 Prozent Zufriedenheit zu erreichen; die restlichen 20 Prozent des Ergebnisses erfordern 80 Prozent des Aufwands (Abbildung 2.1). Was dir dein Umfeld sagen will: Gib dich mit 80 Prozent Erfolg zufrieden, dann wird alles gut.

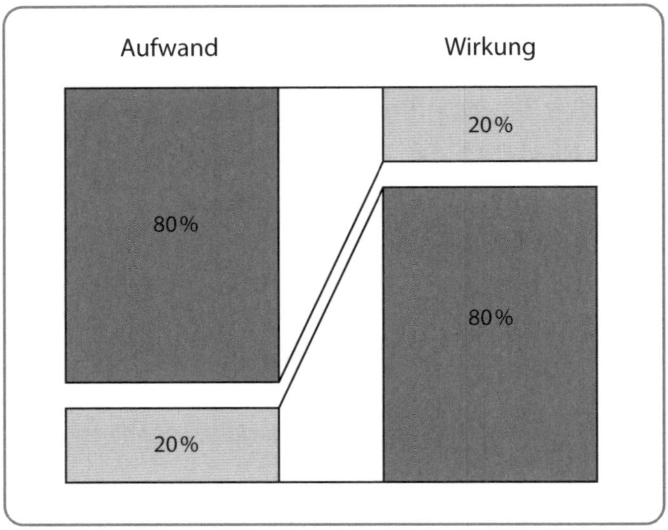

Abbildung 2.1: Das Pareto-Prinzip (die 80-20-Regel)

Dir als Perfektionist*in hilft das aber nicht, denn du willst deine Projekte ja nicht nur zufriedenstellend beenden, sondern 100-prozentig perfekt. Das ist auch einer der Gründe, warum du oft ewig an einem Projekt herumfeilst – und viele Projekte gar nicht zu Ende bringst. Nur: Wenn man Pareto ernst nimmt, dann fressen die letzten 20 Prozent, die es für 100 Prozent Zufriedenheit braucht, 80 Prozent des Gesamtaufwands.

Ich werde dich bei der folgenden Übung fragen, welche deiner Aufgaben wirklich 100 Prozent Aufwand rechtfertigen. Wahrscheinlich würdest du am liebsten „Alle!" antworten. Aber ich frage nach „*gerechtfertigtem* Aufwand".

Hinweis für Hochbegabte:

Wenn du nicht nur an dich den Anspruch hast, alles zu 100 und mehr Prozent zu erledigen, sondern auch an dein Umfeld: Dann nutze die nächste Übung bitte auch dazu, um deine Erwartungen an andere auf den Prüfstand zu stellen und – wo sinnvoll – zu reduzieren. Das wird dich und deine Mitmenschen entlasten.

Wenn du bei einer Firma oder Organisation angestellt bist, dann bezahlt dir dein*e Arbeitgeber*in für eine Arbeitszeit von x Stunden ein Gehalt y. Dann kannst du dir ausrechnen, was eine Arbeitsstunde kostet (zum Gehalt kommen noch Zusatzausgaben hinzu, die lassen wir weg, damit die Kalkulation einfacher wird). Ist es dann deinem Arbeitgeber, deiner Arbeitgeberin gegenüber wirklich fair, beispielsweise eine

Stunde damit zu verbringen, an einer E-Mail zu feilen – wenn deine Kolleg*innen für solche E-Mails nur fünf Minuten brauchen? Oder ist es deinen Kolleg*innen gegenüber fair, dass du in der Zeit, in der sie – sagen wir – zehn Kundenanfragen bearbeiten, nur eine erledigst?

Wenn du selbstständig arbeitest, bist du dein eigener Chef, deine eigene Chefin – da muss der Aufwand erst recht in einem vernünftigen Verhältnis zur Bezahlung stehen, sonst kannst du dir den Luxus Selbstständigkeit nicht lange leisten.

Natürlich kannst du – ob angestellt oder selbstständig – unbezahlte Überstunden machen. Aber auch dein Tag hat nur 24 Stunden, ein paar davon musst du schlafen und Ruhepausen brauchst du auch, wenn du dich nicht kaputtarbeiten willst. Und dann gibt es noch eine ganze Reihe von Dingen außerhalb der Arbeit: Familie, Freund*innen, alles, was du gern tust.

Du wirst also nicht umhinkommen, manche Aufgaben mit weniger als 100 Prozent Aufwand zu erledigen. Und dabei hilft dir die nächste Übung.

Dann hast du auch mehr Zeit für die wichtigen Aufgaben und für dich.

ÜBUNG 2.7

Wie viel Aufwand ist wirklich erforderlich?

1. Nimm dir ein Blatt und notiere untereinander die wichtigsten Aufgaben, die in nächster Zeit anstehen.
2. Jetzt gehe die Liste durch: Bei welchen Aufgaben sind 100 Prozent Aufwand wirklich, wirklich gerechtfertigt?
3. Auch wenn es dir schwerfällt: Lass dich auf ein Experiment ein und wähle nur maximal ein Drittel der Aufgaben als „wirklich wichtig" aus. Schreibe hinter diese Aufgaben „100 %".
4. Gehe die Liste noch einmal durch: Für welche der übrigen Aufgaben reichen 80 oder 70 Prozent? Schreibe die Prozentzahl dahinter.
5. Gehe die Aufgaben durch, für die du 70 Prozent notiert hast. Für welche davon reichen auch 60 oder gar nur 50 Prozent? Notiere die Prozentzahl.
6. Und nun gehe noch einmal die 100-Prozent-Aufgaben durch. Da sind sicher noch ein paar darunter, für die auch 80 Prozent reichen – markiere die.

Wie geht's weiter?

In der nächsten Lektion wirst du einige hilfreiche Verhaltensweisen kennenlernen und praktisch einsetzen, die die drei Denkmuster aus dieser Lektion unterstützen.

2.5 Exkurs: destruktives und konstruktives Feedback

Für Betatests, wie ich sie in Lektion 2 empfehle, ist es wichtig, die passenden Personen auszuwählen. Es kommt nicht darauf an, dass die Tester*innen besonders kritisch sind. Sie sollen in der Lage sein, konstruktives Feedback zu geben.

Und auch jenseits von Betatests hast du mit Sicherheit immer wieder mit Personen zu tun, die dir – gefragt oder ungefragt – Tipps geben oder Kritik anbringen. Manche davon meinen es gut und wollen helfen. Andere dagegen nicht: Sie wollen sich selbst erhöhen oder dich bevormunden, angreifen oder verletzen. Gerade als jemand, der oder die mit Perfektionismus zu kämpfen hat, reagierst du höchstwahrscheinlich sehr sensibel auf Kritik.

Deshalb lege ich dir dringend ans Herz, zum Selbstschutz unterscheiden zu lernen zwischen destruktivem und konstruktivem Feedback. Und destruktives Feedback schon zurückzuweisen, während du es noch um die Ohren gehauen bekommst (am besten sogar noch vorher).

Woran erkennst du destruktives Feedback?

- Das Gesagte ist verletzend und macht dich klein.
- Es greift dich persönlich an.
- Es verurteilt oder bewertet.
- Es ist wie ein Kübel Eiswasser, den dir jemand ins Gesicht schüttet: Es kommt unvermittelt, ohne Rücksicht auf deine Empfindungen.
- Es kommt, ohne dass du darum gebeten hast.
- Es hilft dir nicht weiter, weil die Feedback gebende Person ihre eigenen Interessen damit verfolgt.

Wie sieht konstruktives Feedback aus?

Konstruktives Feedback will dich motivieren, es will dich nicht kleinmachen oder dir das Gefühl geben, falsch (dumm, faul …) zu sein.

Konkret erkennst du konstruktives Feedback an diesen Punkten:

- Es ist beschreibend und wertet nicht. Es beschreibt Wahrnehmungen oder Reaktionen und überlässt das Werten dem Empfänger, also dir.
- Es schildert konkrete Beobachtungen und ist klar formuliert und nachvollziehbar.
- Es enthält keine moralische Verurteilung, keine Abwertung, keine Beleidigung.

- Es bezieht sich auf etwas, was du verändern kannst.
- Es ist in dem Sinne konstruktiv, dass du hinterher weißt, was du ändern oder verbessern kannst.
- Es kommt nicht ungefragt. Wenn du nicht um eine Rückmeldung gebeten hast, sollte dein Gegenüber zumindest fragen, ob du ein Feedback möchtest (und ein Nein akzeptieren).
- Es kommt rechtzeitig. Je kürzer der zeitliche Abstand zwischen Ereignis und Rückmeldung ist, desto wirksamer ist sie. Nicht immer ist ein unmittelbares Feedback allerdings sinnvoll – direkt nach einem Unfall oder Streit ist man wahrscheinlich noch so erregt, dass man nicht aufnahmefähig ist.

Wie du selbst konstruktives Feedback gibst

Wenn du selbst anderen eine Rückmeldung gibst, empfehle ich dir die WWW-Methode:

1. **Wahrnehmung mitteilen:** „Mir ist aufgefallen, dass …" Oder: „Ich habe gesehen / gehört / beobachtet, dass …"
2. **Wirkung erklären:** „Auf mich wirkt das …" Oder „Das hat zur Folge, dass …"
3. **Wunsch aussprechen:** „Ich würde mir wünschen, dass …"

Gegenüber dem typischen Feedback-Beginn „Du hast xyz getan" hat die WWW-Methode den Vorteil, dass dein Gegenüber nicht sofort in Verteidigung oder Rechtfertigung geht. Außerdem weiß es ganz konkret, was es verändern kann.

Vergleiche doch die beiden Einstiege:

- „Du warst so kritisch in der E-Mail. Kein Wunder, dass …"
- „Mir ist in der E-Mail aufgefallen, dass du gleich im ersten Absatz viermal etwas Kritisches über die Firma Meier schreibst. Hier, hier, hier und hier. Wenn ich diese E-Mail bekommen würde, würde das bei mir … auslösen."

Von wem will ich Feedback?

Manches Feedback bekommen wir, ohne dass wir darum gebeten haben – sehr häufig ist das dann eher destruktiv. Deshalb: Suche dir lieber selbst aus, wen du um Feedback fragst. Nach den folgenden Kriterien wähle ich Personen aus, von denen ich eine Rückmeldung bekommen möchte:

- Bin ich sicher, dass mir die Person wohlgesonnen ist und mich nicht kleinmachen oder verletzen will?
- Vertraue ich der Person? Vertraue ich ihrem Urteil und Geschmack?

- Ist sie in der Lage, mir auf rücksichtsvolle und sensible Weise eine Rückmeldung zu geben, die mir weiterhilft?
- Versteht sie überhaupt, was ich tue?

Die ersten drei Kriterien müssen in jedem Fall erfüllt sein.

Wie gehe ich mit destruktivem Feedback um?

Ganz klar: Feedback, das dich angreift, verletzt oder abwertet, sagt nichts über dich aus, sondern nur über die Person, die dich so angreift.

Wenn dir das möglich ist, unterbrich den Angriff und sage, dass du gerne eine Rückmeldung haben willst, aber keine Beschimpfung und keine Beleidigung. Wenn dir dein Gegenüber wirklich weiterhelfen will, hörst du dir an, was konkret du verbessern oder anders machen könntest.

Feedback, das so unkonkret ist, dass du nichts damit anfangen kannst, vergisst du am besten gleich wieder. Oder du fragst nach: „Wie genau / Was genau? Kannst du mir ein konkretes Beispiel geben?"

Wie gehe ich mit konstruktivem Feedback um?

1. Höre zu, lass die Person ausreden, die Feedback gibt.
2. Frage nach, wenn etwas unklar ist oder du nicht genau weißt, was du mit dem Feedback anfangen sollst.
3. Fasse zusammen, was du verstanden hast.
4. Bedanke dich.

Wenn du eine Rückmeldung bekommst, heißt das nicht, dass du sie dir ungefiltert zu eigen machen musst. Prüfe für dich:

- Erfährst du etwas, was du noch nicht wusstest? Wenn ja: Stimmt das, was gesagt wurde, mit deiner Wahrnehmung überein (oder mit der Wahrnehmung anderer)? Und bringt es dich weiter?
- Bestätigt die Rückmeldung etwas, was du vermutest bzw. bestätigt haben wolltest?

Lektion 3 | Hilfreiche Verhaltensmuster lernen

In dieser Lektion stelle ich dir drei Methoden vor. Zwei davon – Freischreiben und Pomodoro Plus – helfen dir, ins Tun zu kommen und das, was du begonnen hast, zu Ende zu bringen. Ganz gleich, ob es um Berufliches oder um Privates geht. Während diese beiden Methoden rein auf die Verhaltensebene zielen und sehr schnell positive Effekte zeigen, wirkt die dritte Methode – Open Monitoring (oder wertungsfreies Beobachten) – auf einer tieferen Ebene und dadurch etwas langsamer, dafür aber nachhaltig.

Während du mit den ersten beiden Lektionen wahrscheinlich schnell „durch" warst, lege ich dir dringend ans Herz, die Übungen aus dieser Lektion mindestens einen Monat lang täglich zu machen. Denn dann werden sie zu Gewohnheiten wie das Zähneputzen. Alle drei sind ganz simpel und kosten dich nur wenige Minuten pro Tag. Sie sind aber extrem effektiv, gerade bei Menschen, die Schwierigkeiten haben, ins Tun zu kommen.

Ich habe in den letzten 30 Jahren die allermeisten Produktivitätsmethoden ausprobiert: Pomodoro Plus und das Freischreiben zählen für mich zu den wirkungsvollsten. Beide haben einen wichtigen Anteil daran, dass ich nach Jahren, in denen ich Schwierigkeiten mit dem Schreiben hatte, entspannt und produktiv Bücher wie dieses schreiben kann. Und Open Monitoring zwischendurch ist für meinen Geist so erfrischend und entspannend wie eine Handvoll kaltes Quellwasser ins Gesicht während einer Bergtour (ohne die Schockwirkung). Langfristig hatte es den Effekt, dass ich ruhiger geworden bin und mich über (vermeintliche) Fehler anderer und eigene kaum mehr aufrege.

Für den Fall der Fälle:

Es kann – wohlgemerkt *kann*, muss aber nicht – sein, dass im Lauf der nächsten zwei bis vier Wochen Zweifel, Unsicherheit, vielleicht sogar Ängste auftauchen. Dann kannst du schon mit Lektion 4 beginnen, darin befassen wir uns genau mit solchen Störungen. Mach aber parallel weiter mit den drei Methoden aus dieser Lektion.

Die Zweifel und Ängste bedeuten nicht, dass die Methoden bei dir nicht funktionieren. Ganz im Gegenteil.

Der Fahrplan für diese Lektion

1. Open Monitoring: Beobachten ohne Bewerten
2. Den Kopf frei bekommen durch Freischreiben
3. Mit Pomodoro Plus ins Tun kommen und konzentriert arbeiten

Ich empfehle dir: Fange mit dem Open Monitoring an und fahre am gleichen oder am nächsten Tag mit dem Freischreiben fort. Wenn du dann zwei, drei Tage Erfahrungen mit beiden Methoden gesammelt hast, nimm noch Pomodoro Plus hinzu. Und mache diese Übungen täglich, mindestens einen Monat lang.

3.1 Open Monitoring: Beobachten ohne Bewerten

Angst vor Bewertung und Kritik ist der zentrale Antreiber für Perfektionismus. Mit dieser Angst werden wir uns ausführlich in Lektion 4 befassen. Falls du dich als Perfektionist*in siehst, aber keine Angst spürst: Hab noch ein wenig Geduld.

Jetzt stelle ich dir erst einmal das sogenannte Open Monitoring vor (übersetzt: „offenes Beobachten"). Das ist eine Achtsamkeitsübung, bei der es darum geht, für einen begrenzten Zeitraum alles, was auftaucht, einfach nur zu beobachten und wahrzunehmen, ohne es zu bewerten.

Und was hat das mit Perfektionismus zu tun?

- Perfektionist*innen neigen stark zum Bewerten, sie bewerten sich und ihr Handeln und ebenso die Menschen um sie herum. Oft handelt es sich dabei eher um ein Abwerten oder es entspringt einer ablehnenden Haltung. Hinter dem Bewerten steckt die Angst davor, selbst von anderen bewertet und abgewertet zu werden. Wenn du Open Monitoring täglich für einige Minuten übst, schaffst du dir einen Raum, in dem du nicht wertest und folglich auch dich selbst nicht negativ beurteilst. Mit der Zeit kannst du diesen Raum ausdehnen und die Offenheit und Entspannung genießen, die wertungsfreies Dasein mit sich bringt.
- Außerdem haben Experimente von Psycholog*innen der Universität in Leiden, Niederlande, gezeigt, dass Open Monitoring ein wirkungsvolles Training darstellt, das hilft, mit negativen Gedanken und Ängsten umzugehen (Colzato, Ozturk & Hommel 2012).

Wie genau du beim Open Monitoring vorgehst, beschreibe ich in der folgenden Übung 3.1.

Vielleicht fragst du dich gerade, wie das gehen soll: Beobachten, ohne zu werten? Vielleicht ist für dich Beobachten ja schon eine Art von Wertung – schließlich entscheidest du dich beim Beobachten oder Wahrnehmen ja dafür, was du beobachtest (und dagegen, anderes zu beobachten). Mir ging das anfangs auch so. Doch schon nach einigen Tagen hatte ich gelernt, zwischen dem Akt des Beobachtens und Wahrnehmens und dem Akt des Analysierens, Benennens und Bewertens zu trennen. Normalerweise läuft es ja so: Ich höre etwas, und schon geht der Gedankenwasserfall und damit auch das Werten los („es ist laut, es nervt …"). Beim Open Monitoring dagegen höre ich etwas – Punkt. Das ist anfangs eine ganz bewusste Entscheidung: Ich sehe x, Punkt. Ich höre y, Punkt.

Mich entspannt das wertungsfreie Beobachten und es hat beruhigende und reinigende Wirkung: Es ist, als würde ein klarer, frischer Bach durch mein Gehirn und meinen Körper fließen und Negatives hinausspülen.

ÜBUNG 3.1

Open Monitoring – entspannende, wertungsfreie Zeiten in dein Leben bringen

Diese spezielle Form der Meditation kannst du bei praktisch jeder Art von Aktivität praktizieren. Für die Beispielanleitung gehe ich davon aus, dass du die Übung machst, während du eine Straße entlanggehst. Du kannst sie natürlich auch bei einer anderen Gelegenheit ausprobieren – dann achtest du eben auf das, was es in der jeweiligen Situation wahrzunehmen gibt (welche Tätigkeiten für Open Monitoring weniger gut geeignet sind, bespreche ich weiter unten).

1. Nimm wahr, wie sich deine Füße in den Schuhen (und Strümpfen, wenn du welche trägst) anfühlen.
2. Spüre den Druck der Straße unter deinen Sohlen. Vielleicht spürst du Unebenheiten, Steine oder anderes.
3. Nimm nun nach und nach die übrigen Sinneskanäle hinzu: Nimm deinen Atem wahr. Einfach nur wahrnehmen und atmen.
4. Schaue, was um dich herum zu sehen ist. Einfach nur schauen. Und bleibe weiter dabei, deinen Atem wahrzunehmen und deine Bewegung und die Empfindungen in den Füßen.
5. Und was hörst du um dich herum?
6. Versuche, deine Aufmerksamkeit weiter zu öffnen, dich nicht auf einzelne Wahrnehmungen zu konzentrieren. Werde weit, nimm auf.
7. Bleibe bei dem, was du wahrnimmst. Ohne zu werten. Neugierig, freundlich zugewandt.

8. Falls Gedanken auftauchen: Nimm wahr, dass Gedanken da sind, folge ihnen aber möglichst nicht. Auch wenn sich Gefühle zeigen – ob das Ärger ist, Traurigkeit oder Freude: Nimm wahr, dass da ein Gefühl ist. Bleibe nicht bei diesem Gefühl hängen, identifiziere dich nicht damit, sondern wende dich wieder dem Wahrnehmen zu.
9. Und falls doch einmal eine Bewertung kommt, nimm wahr, dass du gerade wertest. Nimm es nur wahr, ohne dich dafür zu bewerten. Und dann kehre zurück zu dem, was du im Außen wahrnimmst.
10. Bleibe dabei, nur für ein paar Minuten.
11. Und dann entspanne dich wieder (bei den ersten Malen wirst du wahrscheinlich eher noch angespannt sein, die Entspannung stellt sich meist erst mit etwas Übung ein). Jetzt ist Werten wieder erlaubt. Spüre in dich hinein: Wie geht es dir im Moment?

Open Monitoring fällt übrigens leichter, wenn du deine Aufmerksamkeit nicht fokussierst, sondern deine Wahrnehmungskanäle weit öffnest, um möglichst viel gleichzeitig wahrzunehmen (siehe Schritt 3 und 6). Das trägt auch dazu bei, dass du dich mehr entspannst.

Die Wiederholung macht's:

Wiederhole die Übung für die nächsten 30 Tage zweimal am Tag. Probiere verschiedene Situationen aus. Fange jedes Mal ganz bewusst an und beende die Übung bewusst, und dann spüre nach. In den ersten zwei Wochen reichen zwei, drei, vier Minuten; danach dehnst du die Übung auf fünf und mehr Minuten aus. Und wenn du Lust hast, weil es so angenehm entspannend ist, mache die Übung ruhig öfter am Tag.

Wann Open Monitoring nicht geeignet ist

Einige Tätigkeiten sind für Open Monitoring nicht gut geeignet:

- Essen und Trinken – jedenfalls nicht, wenn du das Essen und das Getränk genießen willst; „meditatives“ Tee- oder Wassertrinken mit Open Monitoring dagegen funktioniert gut.
- Musikhören, Filmeschauen, Lesen – auch hier gilt: Genießen ist wertungsfrei eher nicht möglich; und wenn du Fachliteratur liest, bringt das nur dann etwas, wenn du mit deinem kritischen (also wertenden) Geist dabei bist.
- Sport, wenn es Teamsport oder ein Wettkampf ist – beim Joggen, Schwimmen, Bergwandern oder Tanzen dagegen kannst du ruhig für einige Minuten versuchen, wertungsfrei zu beobachten.

Rad- oder Autofahren dagegen können sehr gute Übungen im wertungsfreien Beobachten sein. Dann musst du dich nicht mehr über den aggressiven Autofahrer bzw. die lästige Radfahrerin ärgern.

Ich nutze das Open Monitoring übrigens auch gern beim Schreiben, und zwar in der kreativen Phase, wenn ich den ersten oder zweiten Entwurf schreibe. Dann hilft mir die Übung, den inneren Kritiker beiseitezulassen, der in dieser Phase nur hinderlich wäre. Wenn ich dann später den Text überarbeite, geht das natürlich nicht mit einem wertungsfreien Beobachten: Beim Überarbeiten ist der kritische, der bewertende Geist gefragt.

ÜBUNG 3.2

Erfahrungen festhalten

1. Nimm dir nach dem ersten Open Monitoring ein Blatt Papier. Notiere darauf das Datum und deine Erfahrungen während der Übung und danach: Wie ging das wertungsfreie Beobachten? Und wie fühlst du dich danach?
2. Notiere nach jeder Übung auf einer Skala von 0 bis 10, wie entspannt du dich jetzt fühlst. 10 bedeutet „maximal entspannt“, 0 heißt „absolut nicht entspannt“.
3. Notiere möglichst nach jeder Übung deine Erfahrungen auf diesem Blatt.
4. Lies am Ende der Woche deine Notizen durch und achte darauf, wie sich deine Erfahrungen verändern.
5. Führe dieses Protokoll für mindestens 30 Tage.

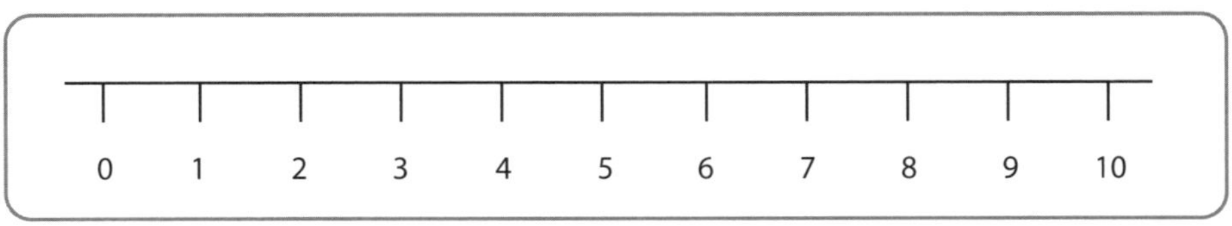

Abbildung 3.1: Wie entspannt fühlst du dich im Moment?
(10 = „maximal entspannt“, 0 = „gar nicht“)

3.2 Den Kopf frei bekommen durch Freischreiben

Beim Freischreiben geht es darum, blockierende Gedanken (und auch Gedankenmüll) loszuwerden. Dazu schreibst du für eine bestimmte Zeit (zehn bis 15 Minuten) alles, was dir durch den Kopf geht, unzensiert auf. Du schreibst einfach los, möglichst schnell, ohne Unterbrechung und auch ohne zurückzuspringen und etwas zu korrigieren. Tippfehler, Grammatikfehler, Unlogisches, unvollendete Sätze: Alles ist erlaubt. Du schreibst einfach, was dir gerade in den Sinn kommt. Und wenn es etwas ist wie „Ich weiß nicht, was ich schreiben soll mir fält nixeinverdammnochmal …". Um Schreibfehler kümmerst du dich nicht.

Beim Freischreiben ist Platz für Weinerliches, für Wüten, Auskotzen, Langeweile, Trägheit. Es ist wie eine geistig-seelische Müllabfuhr. Eine Klientin hat festgestellt, dass es ihr viel leichter fällt zu meditieren, wenn sie vorher den Kopf freigeschrieben hat.

Was du da schreibst, bekommt niemand zu sehen. Auch du solltest das Geschriebene nicht lesen (wenn ich doch mal nachlese, erschrecke ich manchmal, welchen Mist ich von mir gegeben habe). O. k., wenn du denkst, dass ein paar brauchbare Gedanken dabei waren, lies noch einmal nach.

Der Sinn und Zweck des Freischreibens ist nicht, etwas Brauchbares oder gar Wertvolles zu produzieren. Ziel beim Freischreiben ist es,

- blockierende Gedanken loszuwerden und den Kopf frei zu bekommen und
- ins Tun zu kommen.

Für mich ist oft der zweite Aspekt noch wichtiger. Du kennst das sicher: Wenn du etwas tust, und es läuft gut – dann läuft es. Dann kostet es nicht viel Energie, dranzubleiben. Beim Schreiben beispielsweise ist es dann möglich, Satz um Satz zu schreiben, bis du fertig bist. Und umgekehrt: Wenn du erst einmal feststeckst und auf den leeren Bildschirm oder das leere Blatt starrst, dann ist es sehr schwierig, wieder ins Schreiben zu kommen. Und mit jeder Minute wird es schwerer.

Der Trick ist: Anfangen. Denn wenn du erst mal angefangen hast, bist du in Bewegung. Um dann weiter dranzubleiben und weiterzuschreiben ist nicht mehr viel Energie notwendig.

Wichtig beim Freischreiben:

Mache nach dem Freischreiben keine Pause, sondern lege gleich mit der Aufgabe los, die als nächste ansteht, bzw. mit der Aufgabenplanung. Nur wenn du besonders negative Gedanken aufs Papier gerotzt hast, dann stehe erst einmal auf, schüttle dich aus oder gehe ein paar Schritte. Und dann mache eine Runde Open Monitoring. Sonst nimmst du die negative Energie mit in das, was du anschließend vorhast.

Freischreiben ist nicht nur etwas für Menschen, die viel schreiben müssen. Ich kenne eine Reihe von Menschen, die abgesehen von E-Mails, SMSen und Einkaufszetteln kaum etwas schreiben und dennoch das Freischreiben lieben. Ich nutze die Methode auch, wenn ich hinterher nicht schreiben muss. Den Schwung vom Freischreiben kann ich gut mitnehmen, wenn ich zum Beispiel Telefonate erledigen will (was nicht zu meinen Lieblingsbeschäftigungen gehört) oder mich an die Steuererklärung setze. Besonders wenn ich hinterher etwas tun muss, was mir schwerfällt oder was ich nicht gern tue, ist das Freischreiben eine gute Möglichkeit, die negativen Gedanken loszuwerden („Ich hab darauf überhaupt keinen Bock, kann das nicht irgendjemand anderes für mich erledigen …").

Das Freischreiben ist eine Abwandlung einer von Julia Cameron beschriebenen Methode, den „Morgenseiten". Die Unterschiede findest du in Tabelle 3.1:

	Morgenseiten	**Freischreiben**
Wann	sofort nach dem Aufstehen	am Anfang des Arbeitstags bzw. immer wenn du den Kopf frei kriegen willst
Dauer	schreiben, bis drei A4-Seiten voll sind	zehn bis 15 Minuten schreiben
Wie	handschriftlich auf Papier	handschriftlich oder am PC/Tablet

Tabelle 3.1: Morgenseiten und Freischreiben im Vergleich

Im Zwölf-Wochen-Programm *Der Weg des Künstlers. Ein spiritueller Pfad zur Aktivierung unserer Kreativität* (Cameron 2009) von Cameron sind die Morgenseiten eine von zwei zentralen Techniken zur Förderung von Kreativität: Cameron empfiehlt, sie mit der zweiten Technik, dem „Künstlertreff", zu kombinieren. Das ist eine wöchentliche Übung, die den kreativen Teil in dir nährt (das kann ein Konzertbesuch, die Lektüre eines Buchs oder etwas anderes sein). Damit vermeidest du, dich mit den Morgenseiten in eine Negativspirale zu drehen, aus der du nicht mehr herauskommst.

In „meinem“ Programm geht es nicht darum, den Künstler, die Künstlerin in dir zu entwickeln. Deshalb gibt es hier keine dem Künstlertreff entsprechende Übung. Um zu verhindern, dass du dich in ein Jammer-Ich schreibst und daraus nicht mehr aussteigen kannst, empfehle ich nach dem Freischreiben eine Runde Open Monitoring. Das ist nach meiner Erfahrung jedoch nur nötig, wenn du beim Freischreiben viel Negatives notiert hast und danach keine Energie für die dann anstehende Aufgabe mobilisieren kannst.

ÜBUNG 3.3

Freischreiben ausprobieren

1. Mein Vorschlag: Probiere das Freischreiben für die nächsten vier Wochen aus, mindestens einmal pro Tag, und zwar zu Beginn des Arbeitstages. Nimm zum Freischreiben lose Blätter (nicht aus dem Block / Ordner / Arbeitsbuch zu diesem Kurs) oder ein Textprogramm am PC / Tablet. Wenn du magst, kannst du auch abwechseln: eine Woche handschriftlich, eine am PC / Tablet – schaue, was dir besser liegt.
   Am Anfang wird es dir wahrscheinlich komisch vorkommen, bleibe dennoch die vier Wochen dran.
2. Wie schon gesagt: Wenn du nach dem Freischreiben in schlechter Stimmung bist und / oder dich nicht aufraffen kannst, mit der nun anstehenden Aufgabe fortzufahren: Stehe auf, bewege dich ein paar Minuten und mache danach ein paar Minuten Open Monitoring.
3. Drucke dir nach einer Woche das Arbeitsblatt zu dieser Übung aus und notiere darauf die Antworten auf die Fragen.
4. Wiederhole Schritt 3 am Ende jeder Woche.

ARBEITSBLATT zu Übung 3.3

Reflexion zum Freischreiben

Freischreiben
Wie ging es mir mit dem Freischreiben? *(Darf gern mehrere Sätze umfassen.)*
Wie ist es an diesem Tag direkt nach dem Freischreiben weitergegangen?
Will ich es noch eine weitere Woche ausprobieren? Falls nein: Unter welchen Umständen würde ich es doch probieren?

3.3 Mit Pomodoro Plus ins Tun kommen und konzentriert arbeiten

Die Pomodoro-Methode ist eine sehr einfache und wirkungsvolle Produktivitätstechnik, mit deren Hilfe du konzentriert an einer Aufgabe arbeiten kannst, ganz egal, ob es etwas Berufliches ist oder etwas Privates. Ich nutze die Methode genauso für das Schreiben wie für den Wohnungsputz.

Entwickelt hat sie Francesco Cirillo (2018). Er verwendete für die Methode einen italienischen Küchenwecker in Form einer roten Tomate *(pomodoro)*, der zum Markenzeichen der Methode geworden ist.

Falls Du Cirillos Pomodoro schon kennst: Bitte winke nicht gleich ab („Hab ich schon probiert, funktioniert bei mir nicht“). Gib der Methode und vor allem dir selbst eine zweite Chance. Vielleicht lag es ja daran, dass dir die „reine Pomodoro-Lehre“ wie mir zu rigide war – deshalb stelle ich dir gleich mit Pomodoro Plus eine Weiterentwicklung vor.

Die Pomodoro-Methode nach Cirillo hilft dir,
- konzentriert an einer wichtigen Aufgabe zu arbeiten.
- unangenehme Aufgaben anzupacken, indem sie die Hemmschwelle senkt: Man arbeitet jeweils nur 25 Minuten an einer Aufgabe. 25 Minuten sind überschaubar, 25 Minuten kann man auch mal die Zähne zusammenbeißen und etwas ganz Unangenehmes machen.
- über einen längeren Zeitraum konzentriert zu bleiben (dabei helfen die eingeplanten regelmäßigen Pausen).

Was du dazu brauchst:
- einen Küchenwecker oder eine Timer-Software für den PC oder das Smartphone (Tipps dazu weiter unten),
- deine Aufgabenliste entweder auf dem PC oder auf Papier.

Pomodoro: So geht es

1. Suche dir die wichtigste Aufgabe von der Liste.
2. Stelle den Wecker auf 25 Minuten (bei bestimmten Aufgaben können es auch mehr oder weniger Minuten sein – siehe unten).
3. Arbeite an der Aufgabe, bis der Wecker klingelt. Tue nichts anderes – keine andere Aufgabe, kein Telefonat (es sei denn, das ist die Aufgabe), keine E-Mails, keinen Kaffee holen …
   Wie du mit Unterbrechungen umgehst, beschreibe ich weiter unten.

4. Wenn der Wecker klingelt, bringe das zu Ende, woran du gerade arbeitest. Markiere die Aufgabe auf der Liste mit „X“ (falls du damit noch nicht fertig bist) bzw. als „erledigt“.
5. Mache fünf Minuten Pause. In der Zeit beschäftigst du dich nicht mit der Aufgabe.
6. Stelle den Wecker wieder und fahre mit Schritt 3 fort.
7. Nach vier Runden (25 Minuten plus je fünf Minuten Pause) machst du eine Pause von 15 bis 30 Minuten.

Wenn du absehen kannst, dass eine Aufgabe weniger als 25 Minuten erfordert, kombiniere sie mit einer anderen Aufgabe (die idealerweise ähnlich oder verwandt ist).

Pomodoro Plus – die flexiblere Variante

Der Charme von Pomodoro liegt darin, dass die Methode so einfach ist: Timer stellen, loslegen, Pause machen.

Cirillo empfiehlt, den gesamten Arbeitstag mit Pomodoro-Runden zu strukturieren. Mir ist das **zu starr**. Es gibt immer wieder Tätigkeiten, die nicht in das 25+5-Raster passen. Wenn ich Seminare oder Coachings gebe oder auch wenn ich bei einem Auftraggeber in einer Besprechung sitze, kann ich nicht nach 25 Minuten den Timer bimmeln lassen, fünf Minuten Pause machen und dann wieder den Timer stellen. In Situationen wie diesen setze ich mit Pomodoro aus.

Auch die **Länge** der Blöcke halte ich flexibler. So sind mir beim Schreiben 25-Minuten-Blöcke zu kurz. Da habe ich mich gerade mal warm geschrieben. Beim Schreiben nutze ich daher normalerweise 50-Minuten-Blöcke plus zehn Minuten Pause.

Abbildung 3.2: Zum Schreiben stelle ich den Timer gern auf 50 statt auf 25 Minuten

Nur wenn ich etwas schreiben muss, worauf ich ganz wenig Lust habe und wovor ich mich am liebsten drücken würde, stelle ich den Timer auf 25 Minuten, im Extremfall auch nur auf 15 Minuten. Auch sonstige unangenehme Aufgaben packe ich oft lieber in 15-Minuten-Blöcke. Da ist die Hürde, damit anzufangen, niedriger.

Für Cirillo ist ein Block unteilbar. Wenn der Timer auf 25 Minuten gestellt ist, soll man auch bis zum Ende der 25 Minuten an der Aufgabe arbeiten. Wenn man vor Ablauf der Zeit fertig ist, soll man sich weiter mit der Aufgabe beschäftigen und das Ergebnis noch einmal kontrollieren und verfeinern. Ich mache das anders: Wenn ich früher fertig und zufrieden bin, dann belohne ich mich einfach mit einer längeren Pause.

Wenn ich gerade im Fluss bin, lasse ich, wenn der Timer abgelaufen ist, auch nicht schlagartig „den Stift fallen“. Allerdings achte ich darauf, die Zeit um höchstens fünf Minuten zu überziehen. Sinn und Zweck von Pomodoro ist ja, dass die Zeitblöcke so schön überschaubar sind und ich „meinen Job erledigt“ habe, wenn die Zeit vorbei ist (also auch hier liegt der Fokus auf dem Prozess).

Durch die variable Länge meiner Pomodoro-Blöcke ist der Tag zwar nicht mehr so klar strukturiert wie bei dem von Cirillo empfohlenen Vorgehen. Ich finde „meine“ Variante aber flexibler, sie passt besser zu meiner Arbeitsweise.

Oft reicht es mir auch, bei der Arbeit nur am Morgen (nach dem Freischreiben) und nach der Mittagspause jeweils zwei Pomodoro-Blöcke einzuplanen. Wenn es läuft, arbeite ich in der Zeit danach ohne Timer.

Die Pausen dienen zur Erholung

Die Pausen sind ein wesentliches Element der Pomodoro-Methode. Sie verhindern, dass wir ermüden und unkonzentriert werden. Außerdem erleichtern sie uns das Anfangen – schließlich wissen wir, dass nach einem kurzen Arbeitssprint eine Pause als Belohnung auf uns wartet.

Damit die Pausen auch zur Erholung dienen:

- Mache auch wirklich Pause in der Pause. Was extrem kontraproduktiv ist: E-Mails lesen, Messenger-Dienste, Facebook und andere Tätigkeiten am Computer. Plane für solche Tätigkeiten lieber einen 25-Minuten-Block vor der Mittagspause ein.
- Ich empfehle dir, in der Pause aufzustehen und dich zu bewegen (wenn du dich in den 25 Minuten bewegt hast oder gestanden bist, wirst du dich in der Pause wahrscheinlich eher hinsetzen).

Wie du mit Störungen von außen umgehst

Cirillos Anweisung „Set the Pomodoro to 25 minutes. Work until the Pomodoro rings“ (zitiert von seiner Website; übersetzt: „Stell den Wecker auf 25 Minuten. Arbeite, bis der Wecker klingelt.“) klingt so klar und einfach. In der Praxis wird es natürlich immer wieder zu Unterbrechungen kommen.

Wenn du mit anderen Menschen zusammenarbeitest, kann und wird es passieren, dass das Telefon mitten in eine Pomodoro-Runde hinein klingelt, dass plötzlich jemand in der Tür steht und etwas wissen will etc. Erfahrungsgemäß können selbst „absolut wichtige" Dinge bis zum Ablauf einer Pomodoro-Runde bzw. sogar eines Vier-Pomodoro-Blocks warten. Wenn du also unbedingt ans Telefon gehen musst oder wenn ein Kollege mitten in deine Arbeit platzt, sage, dass du gerade mit etwas beschäftigt bist, das du nicht unterbrechen kannst. Biete an, in x Minuten (sobald die Runde abgelaufen ist) zurückzurufen bzw. ins Büro des Kollegen zu kommen.

Den Grund für die Unterbrechung notierst du auf der Aufgabenliste für diesen Tag („Petra anrufen", „Maier braucht Info zum Angebot ...).

Dann arbeitest du weiter, bis dein Timer klingelt. Falls es wirklich dringend ist, kümmerst du dich jetzt um den Kollegen bzw. rufst zurück – und machst danach die fünf Minuten Pause. Wenn es nicht so dringend ist, machst du erst deine Pause und dann kümmerst du dich um die Person, die dich unterbrochen hat.

Und wenn du selbst die Störung verursachst?

Natürlich wird es immer wieder Unterbrechungen geben, deren Ursache du selbst bist, vor allem am Anfang, wenn du die Methode ausprobierst. Vielleicht fällt dir mitten in der Arbeit ein, dass du unbedingt sofort den Kollegen Huber anrufen musst, oder du verspürst den Drang, mal schnell E-Mails abzurufen. Oder du musst unbedingt sofort einen Kaffee haben ...

Wenn du dem nachgibst, reißt du dich selbst aus dem Arbeitsfluss. Erfahrungsgemäß dauert es nach der Unterbrechung einige Zeit, bis du wieder reinkommst. Und es besteht die Gefahr, dass du bei den E-Mails hängen bleibst und nicht mit der anstehenden Aufgabe fortfährst.

Wenn du am Anfang öfter den Drang verspürst, dich mit etwas abzulenken: Mach die Pomodoro-Blöcke kürzer. Auch in 15 Minuten schafft man einiges und eine Viertelstunde ist wirklich kurz genug, um an einer Sache dranzubleiben.

Pomodoro-Apps für PC, Tablet, Smartphone

Auch wenn der Küchenwecker in Tomatenform eine witzige Idee ist: In einem Büro, das man sich mit anderen teilt, ist das nicht praktikabel. Wenn da laufend Wecker klingeln, kann sich keiner konzentrieren. Deshalb – und weil die Pomodoro-Methode inzwischen weitverbreitet ist – wurden in den letzten Jahren Apps für PCs, Macs,

Tablets und Smartphones entwickelt. Die zeigen eine Meldung am Bildschirm an, wenn die Zeit abgelaufen ist; auf Wunsch geben sie auch ein Tonsignal aus.

Die folgenden Apps gibt es kostenlos, für unsere Zwecke reichen sie vollkommen aus; es gibt auch kostenpflichtige Apps, die zusätzlich noch Buch führen über die erledigten Aufgaben.

- *Tomighty* für Windows und MacOS: ↗ http://www.tomighty.org
- *SnapTimer* für Windows: ↗ https://dan.hersam.com/software/snaptimer
- *ClearFocus* für Android: im Google Store
- *Be Focused* für iOS und MacOS: im Apple Store

Natürlich kannst du auch die ohnehin vorhandene Timer-Funktion der Uhr-App in Android oder iOS nutzen.

Pomodoro Plus kurz gefasst

Das ist jetzt doch eine längere Erklärung geworden. Deshalb fasse ich die wesentlichen Punkte noch einmal zusammen:

- Stelle den Timer auf eine feste Zeit und arbeite während dieser Zeit konzentriert und ausschließlich an einer Aufgabe. Wenn die Zeit abgelaufen ist, bringe das, woran du gerade arbeitest, zu einem sinnvollen Ende. Wenn du beispielsweise an etwas schreibst, schreibe den Satz, an dem du gerade sitzt, noch zu Ende. Dann mache fünf Minuten Pause.
- Für eher unangenehme Aufgaben und solche, die du gerne aufschiebst, wählst du 15 Minuten, für normale Aufgaben 25 Minuten. Wenn du etwas Übung mit Pomodoro Plus hat, kann es auch sinnvoll sein, für bestimmte Aufgaben längere Zeitblöcke zu nehmen – jedoch nicht länger als 50 Minuten (danach gibt es zehn Minuten Pause).
- Wenn es zu Unterbrechungen von außen kommt: Sag, dass du dich in x Minuten darum kümmerst, und notiere das, was zu tun ist, auf der Aufgabenliste. Wenn der Timer abläuft, machst du erst die Pause und kümmerst dich danach um die Unterbrechung.
- Falls der innere Drang kommt, irgendetwas anderes zu tun, mache einen senkrechten Strich neben der Aufgabe in der Aufgabenliste und versuche, dem Drang nicht nachzugeben. Wenn's dir gelingt: Wunderbar, dann mach noch einen Stern hinter die Aufgabe. Und belohne dich am Ende des Tages für die Sterne.

Noch drei Hinweise:

- Pomodoro Plus ist kein Rennen gegen die Uhr. Lass dich von der (tickenden) Uhr nicht hetzen, sondern betrachte sie als Hilfsmittel und nicht als Herrin über deine Zeit.

- Versuche immer wieder mal, eine Aufgabe spielerisch anzugehen, und mache ganz bewusst ein Wettrennen gegen die tickende Uhr bzw. gegen dich selbst. Das darf Spaß machen.
- Pomodoro Plus soll dich dabei unterstützen, konzentriert an einer Aufgabe zu arbeiten. Es wird natürlich Zeiten geben, wo die Arbeit eher zäh fließt, du dich schwer konzentrieren kannst, ins Stocken kommst oder du erst mal über die Aufgabe nachdenken musst. Das ist alles in Ordnung: Pomodoro bedeutet nicht, dass du immer hoch konzentriert wie ein Zen-Meister sein musst. Wichtig ist einfach nur: Dranbleiben, nicht ablenken lassen oder ausweichen.

ÜBUNG 3.4

Freischreiben und Pomodoro Plus etablieren

Praktiken wie das Freischreiben und Pomodoro Plus brauchen einige Zeit, bis sie dir in Fleisch und Blut übergehen. Zunächst einmal dauert es meist ein paar Tage, bis man einen positiven Effekt wahrnimmt. Und zur Gewohnheit werden solche Praktiken erst nach etwa einem Monat.

Deshalb meine Empfehlung: Probiere das Folgende für mindestens einen Monat aus. Gib nicht auf, auch wenn es dir am Anfang komisch vorkommt oder du innere Widerstände spürst.

Wenn du mal einen Tag aussetzt: kein Problem. Mach aber dann am nächsten Tag wieder mit Freischreiben und Pomodoro Plus weiter.

Bei Schwierigkeiten:

Falls Ängste aufkommen oder die inneren Widerstände zu stark werden, dann fange parallel schon mit Lektion 4 an – darin kümmern wir uns genau um solche Hindernisse.

1. Beginne den Arbeitstag mit Freischreiben.
2. Plane dann die Aufgaben des Tages in Pomodoro-Einheiten (also Arbeit plus Pause).
3. Suche die Aufgabe aus, mit der du beginnen willst. Stelle den Timer und lege mit dem ersten Block los. Danach machst du die verdiente Pause.
4. Fahre mit den weiteren Blöcken fort.
5. Nimm dir am Abend noch zehn Minuten Zeit für die Reflexion (siehe Arbeitsblatt 3.4 zu dieser Übung). Die Reflexion solltest du in jedem Fall die ersten zwei Wochen über täglich machen, ich empfehle dir, sie den ganzen Monat lang zu machen.

ARBEITSBLATT zu Übung 3.4

Reflexion zu Pomodoro Plus

Pomodoro Plus am ______________________
Was habe ich heute geschafft?
Wie ging es mir mit den einzelnen Aufgaben? Welche waren eher schwierig, welche sind mir leichtgefallen?
Welche Unterbrechungen gab es von außen?
Wie oft hatte ich den inneren Drang, etwas anderes zu machen (siehe Strichliste)?
Wie oft habe ich dem inneren Drang widerstanden? Was hat mir dabei geholfen?

Lektion 4 | Mit Ängsten entspannt umgehen

Das ist die zentrale Lektion dieses Kurses, deshalb ist sie auch die umfangreichste. Hier beschäftigen wir uns mit dem maßgeblichen Antreiber, der hinter Perfektionismus steckt, mit Angst.

Typischerweise ist es die Angst vor Kritik; die Angst davor, ausgelacht zu werden; die Angst, jemand könnte merken, dass man ein Hochstapler ist und den Erfolg gar nicht verdient. Wie genau deine Angst aussieht, dazu kommen wir noch.

Das Ziel der Lektion ist in jedem Fall: Du lernst, mit den Ängsten umzugehen. Sodass die Ängste dich nicht (mehr) lähmen, dich nicht in deinen Handlungsmöglichkeiten einschränken. Sodass du keine Angst mehr vor der Angst zu haben brauchst.

Moment mal: Angst? Ich? Ausgeschlossen!

Im Coaching ist das der Moment, wo etwa ein Drittel der Klient*innen sagt: „Ich habe aber keine Angst." Wenn auch du keine Angst *spürst*, dann bitte ich dich um ein paar Minuten Geduld, bleibe aufgeschlossen und lies noch weiter. Und wenn du überhaupt keinen Bock hast, dich mit Angst zu beschäftigen, und dir keine Angst einreden lassen willst: Dann lies den Einschub „Und wenn du gar keine Angst spürst?" aufmerksam durch – und fahre dann mit der Lektion fort.

Der Fahrplan für diese Lektion

Einschub: Und wenn du keine Angst spürst?

1. Ängste und Perfektionismus – wie hängt das zusammen?
2. Wie du lernst, mit deinen Ängsten umzugehen
3. Wovor hast du wirklich Angst?
4. Hochstapler-Syndrom: wenn keiner merken darf, dass du Fehler machst
5. Die Angst über den Körper regulieren
6. Wahrnehmung: der Schlüssel zum Umgang mit Angst
7. Dich deiner Angst stellen
8. Fehler sind dein Freund: die Haltung zu Fehlern verändern

Einschub: Und wenn du keine Angst spürst?

Falls dir Angst (vor Kritik, vor Fehlern …) nicht fremd ist, kannst du diesen Einschub überspringen. Wenn du allerdings wissen willst, wie Aufschieben und Angst(-vermeidung) zusammenhängen, dann lies weiter.

Im Coaching habe ich immer wieder mit Klient*innen zu tun, die zwar (fast) alle Symptome von Perfektionismus zeigen, aber versichern, keinerlei Angst zu haben. Falls das bei dir auch so ist: Wie sieht es mit deinem Verhalten aus? Neigst du zum Aufschieben? Tust du dich schwer damit, mit Vorhaben anzufangen, die dir am Herzen liegen? Und bringst du die Vorhaben zügig zu Ende?

Wenn du zum Aufschieben neigst, dann heißt das, dass du mit hoher Wahrscheinlichkeit **Angst vermeidest**. Offenbar bist du damit auch insoweit erfolgreich, als dass du keine Angst spürst (ist auch logisch: Du vermeidest schließlich die Situationen, in denen du Angst hättest). Nur hilft dir das bisher nicht, mit den negativen Seiten umzugehen: Sonst müsstest du ja nicht weiterhin aufschieben. Und das bedeutet, dass du zwar die Angst nicht mehr spürst, aber dennoch **von Angst gesteuert** bist. Auch wenn du sie nicht spürst, ist die Angst da und bringt dich dazu, den Moment hinauszuzögern oder ganz zu vermeiden, den Perfektionist*innen am meisten fürchten: den Moment, in dem ihr Werk fertig ist und sie es der Kritik anderer aussetzen.

Da Angst sich so unangenehm anfühlt, haben Menschen verschiedenste Methoden „entwickelt“, die unangenehmen Gefühle nicht zu spüren:

- Sie meiden die Situationen, in denen sie Angst spüren – so kommt es zu dem Aufschiebeverhalten, das typisch ist für Perfektionist*innen.
- Sie unterdrücken das Gefühl der Angst, indem sie ihre Gefühle so oft und so lange herunterregeln, bis sie nichts mehr spüren.
- Sie nehmen Medikamente oder greifen zu Alkohol, sie lenken sich ab, etwa mit exzessivem Arbeiten, Konsum, Sport oder auch Sex.

Das Problem dabei: All diese Methoden setzen nicht an den Ursachen der Angst an. Dadurch können sich diese auch nicht lösen. Stattdessen verfestigt sich die Angst und wird immer resistenter gegen Veränderung.

Vor allem aber: Du nimmst dir die Möglichkeit, das Problem zu lösen und die negativen Seiten des Perfektionismus anzugehen. Das geht tatsächlich nur, wenn du lernst, mit der Angst umzugehen (diese Fähigkeit hilft dir übrigens auch in anderen Lebenssituationen).

Wenn du bisher die Angst vermieden hast, die Teil deines Perfektionismus ist, und damit aufhören willst: Das muss kein schmerzhafter und düsterer Prozess sein. Es geht tatsächlich viel leichter. Wie? Das lernst du in dieser Lektion.

4.1 Ängste und Perfektionismus – wie hängt das zusammen?

Perfektionismus-Forscher (Hewitt, Flett & Mikail 2017) unterscheiden zwischen selbstorientiertem und sozial vorgeschriebenem Perfektionismus (und dann gibt es noch den extravertierten Perfektionismus, der nur anderen gegenüber abwertend ist und deshalb auch nicht Thema dieses Kurses ist, weil die Betroffenen selbst ja nicht darunter leiden).

Beim **sozial vorgeschriebenen Perfektionismus** gehen die Betroffenen davon aus, dass sie (tatsächliche oder vermeintliche) perfektionistische Erwartungen anderer erfüllen müssen. Nur dann, wenn sie diese Erwartungen erfüllen, werden sie mit Anerkennung, Sympathie bzw. Liebe belohnt, andernfalls droht Ablehnung.

Bei **selbstorientiertem** Perfektionismus haben die Betroffenen die (tatsächlichen oder vermuteten) hohen Ansprüche ihrer Bezugspersonen so weit verinnerlicht, dass sie sie für die eigenen hohen Ansprüche halten. Letztlich geht es ihnen ebenfalls um die Bewertung durch andere.

In beiden Fällen machen sie sich **abhängig von anderen**.

Bewertungsangst

Das Streben nach Perfektion ist für Perfektionist*innen Mittel zum Zweck: Sie wollen anerkannt, akzeptiert, gemocht, im Idealfall geliebt werden – und sie sind überzeugt davon, dass sie das nur werden, wenn sie perfekt sind und keine Fehler machen. Hinter dem Perfektionismus steht also der Wunsch nach Anerkennung, Akzeptanz, Zugehörigkeit – und die Angst, genau das nicht zu bekommen. In der Psychologie spricht man von **Bewertungsangst**.

Bewertungsangst ist die anhaltende und ausgeprägte Angst, dass andere Personen das eigene Verhalten oder die eigene Person negativ beurteilen. Je nach Persönlichkeitsstruktur und Situation kann das Ansporn sein oder entmutigen und lähmen.

Fallbeispiel 7: der Mann, der Angst vor Bewertung hatte

Herr Weber wird von seinem Teamleiter zum Coaching geschickt. Der Teamleiter beschreibt ihn als schwierig und überempfindlich. Weber höre überall Vorwürfe, auch bei völlig harmlosen Bemerkungen. Ja, selbst wenn jemand auf etwas, was Weber getan hat, nicht mit Lob reagiere, fasse Weber das als Kritik auf.

Im ersten Gespräch wirkt Herr Weber sehr angespannt, was natürlich auch an der Situation liegt. Als ich nach möglichen Bedenken frage, antwortet er: „Nein, ich habe keine Angst" (ich hatte das Wort „Angst" nicht verwendet). Ich frage weiter nach Bedenken, weil Klienten, die nicht aus eigenem Antrieb ins Coaching kommen, häufig verschiedenste Unsicherheiten verspüren (Was erwartet mich? Erzählt der meinem Chef, was wir hier besprechen? Etc.) und ich die gerne möglichst früh ausräume. Für das Thema Angst wäre sonst das Vertrauensverhältnis noch nicht tragfähig genug.

Erst bei einem zweiten Treffen frage ich Herrn Weber explizit nach eventuellen Ängsten. Es entsteht eine kurze Pause, Herr Weber nickt, bejaht. Ich warte. Dann platzt er damit heraus, dass er panische Angst vor jeder Art von Kritik hat. Statt mehr zu erzählen, fragt er unvermittelt: „Was denken Sie jetzt von mir?"

Das ist typisch: Viele Perfektionist*innen fragen sich laufend, was andere über sie denken. Nicht nur im Coaching oder in der Therapie, sondern auch bei anderen Personen. Ihre Gedanken drehen sich häufig um Fragen wie: Was für einen Eindruck mache ich? Wie wirke ich? Hält der oder die mich für schwach / schlecht / minderwertig …?

Angst vor Zurückweisung

Perfektionist*innen fürchten sich aber nicht nur vor dem Bewertetwerden, sondern (auch) vor Kritik und vor allem vor **Zurückweisung**, vor einem: „Du gehörst nicht dazu. Du bist nicht gut genug. Wir wollen dich nicht." Da schwingt natürlich immer auch mit: „Du darfst nicht mitspielen."

Vor dieser Zurückweisung soll uns Perfektion schützen wie ein Schutzschild. Wir wissen jedoch aus langer Erfahrung, dass Perfektion ein unzuverlässiger Schutzschild ist. Wir können uns nie sicher sein, uns perfekt zu verhalten, Perfektes zu leisten, wirklich perfekt zu sein. Deshalb lauert im Hintergrund ständig die Zurückweisung und die Angst davor.

Zurückweisung und Nicht-dazugehören-Dürfen zählen zu den schmerzhaftesten Erlebnissen, die wir empfinden können. Es ist daher nur zu verständlich, diesen Schmerz nicht spüren zu wollen und alles zu tun, um ihn zu vermeiden.

Angst oder Furcht?

Im Deutschen haben wir für das Gefühl, um das es in dieser Lektion geht, zwei Begriffe: Angst und Furcht. Wo liegen die Unterschiede?

Angst ist das Grundgefühl, das sich vor oder in Situationen zeigt, die wir als bedrohlich empfinden. Angst äußert sich als Besorgnis und als Erregung (ohne Lustempfinden), die durch eine eingetretene oder erwartete Bedrohung wie Schmerz, Verlust oder Tod hervorgerufen wird. Im Unterschied zur Angst bezieht sich **Furcht** typischerweise auf eine reale Bedrohung (gerichtete Angst), sie ist konkreter und auch begrenzter als die Angst. Angst ist dagegen meist ein ungerichteter Gefühlszustand, man spricht auch von „nicht objektbezogen" im Unterschied zur objektbezogenen Furcht. Im Deutschen werden „Angst" und „Furcht" allerdings meist synonym verwendet.

In diesem Kurs spreche ich fast ausschließlich von Angst, weil es für die meisten Leser*innen bzw. in den meisten Fällen nicht um eine reale Bedrohung geht. Wenn es in deinem Fall tatsächlich die Furcht vor einer realen Bedrohung sein sollte, störe dich bitte nicht an meiner Formulierung.

Für diesen Kurs ist es unerheblich, ob es sich um die Angst vor einer realen oder einer fiktiven Bedrohung handelt, ob die Angst begründet oder unbegründet ist. Entscheidend ist: Die Angst ist da und beeinflusst dein Verhalten.

4.2 Wie du lernst, mit deinen Ängsten umzugehen

Wahrscheinlich hast du Sprüche wie „Kein Grund zur Panik!" oder „Davor musst du doch keine Angst haben!" schon unzählige Male gehört. Nur: Hat das die Angst jemals verschwinden lassen?

Natürlich weiß der Verstand, dass die Angst irrational ist, dass sie dich nicht umbringen wird, dass sie wieder vorbeigeht. Aber in der konkreten Situation hilft dir das Wissen erst einmal nichts, denn die körperlichen Reaktionen auf den Trigger der Angst (oder Furcht) sind um ein Vielfaches schneller als Reaktionen, die der Verstand auslöst. Dein Körper steckt schon mitten im Angstprogramm, bevor der Verstand überhaupt realisiert hat, was los ist. Natürlich kann man Angst und Furcht auch auf diesem rationalen Weg behandeln, das tut zum Beispiel die Verhaltenstherapie. Das dauert aber.

Ich habe einen Mix aus Übungen zusammengestellt: Einige wirken direkt auf den Körper, einige über den Verstand (sie stammen ähnlich wie die sogenannte Realitätsprüfung aus der Verhaltenstherapie), und bei einer nutzt du deine Wahrnehmung.

Ich empfehle dir, alle Übungen zwei-, dreimal auszuprobieren, um zu sehen, welche für dich am besten funktionieren – und dir vielleicht sogar Spaß machen. Das meine ich ernst: Viele meiner Klient*innen lieben die Wahrnehmungsübung, weil sie sie so lustig finden und über das lachen können, was die Angst auslöst.

Mit diesen Werkzeugen bist du dann in der Lage, dich deiner Angst zu stellen, sie auszuhalten (ohne dich vorher zu betäuben). Und damit nimmst du der Angst das Bedrohliche.

Es geht nicht darum, die Angst zu besiegen und für immer los zu sein. Das funktioniert nicht und ist aus meiner Sicht auch nicht sinnvoll. Angst ist ein wichtiges Signal: „Vorsicht, da lauert Gefahr." Hinderlich ist Angst nur da, wo sie unser Leben bestimmt, also unsere Handlungsmöglichkeiten einschränkt oder uns sogar lähmt.

Umgehen mit der Angst heißt: Vor der Angst nicht davonlaufen, ihr nicht ausweichen, die Angst nicht „wegmachen" (unterdrücken), sondern sich die Angst genau anschauen. Oft haben wir ja Angst vor etwas Nebulösem, das sich bei genauerem Hinschauen als ein Scheinriese entpuppt und gar nicht so schlimm ist, wie wir immer dachten. Außerdem wirst du in dieser Lektion lernen, das, was in deiner Vorstellung so schlimm ist, kleiner und weniger bedrohlich zu machen. Denn dann ist es auch möglich, die Angst auszuhalten – und damit verliert sie ihren Schrecken.

Denn letztlich ist das, was uns einschränkt, die Angst vor der Angst. Wir fürchten uns davor, dass eine Situation eintritt, die uns Angst macht.

Dich deiner Angst stellen – wozu?

Moment mal: Angst aushalten? Warum in alles in der Welt solltest du dich darauf einlassen?

Weil das die einzige Möglichkeit ist, die Angst zu überwinden. Wenn du dich der Situation, die die Angst auslöst, mehrere Male bewusst und kontrolliert aussetzt, dann begreifen dein Körper und dein Verstand mit der Zeit, dass es gar nicht so schlimm ist. Dass die Situation dich nicht umbringt. Dass Körper und Verstand das aushalten können.

Sich kontrolliert seinen Ängsten zu stellen, das ist übrigens auch der Ansatz, den die kognitive Verhaltenstherapie verfolgt. Das ist die Therapierichtung, die verschiedenen Studien zufolge die höchsten Erfolge bei der Behandlung von Angststörungen hat (AWMF 2014).

Nun ist die Angst, die du als Perfektionist*in empfindest, keine Angststörung, die eine therapeutische Behandlung erfordert. Angststörungen sind exzessive Angstreaktionen ohne wirkliche äußere Bedrohung – das ist eine ganz andere Nummer als die Angst von Perfektionist*innen.

Deshalb bist du normalerweise auch in der Lage, selbst zu lernen, mit deiner Angst umzugehen. Wenn du es dir alleine nicht zutraust, hole dir bei den Übungen die Unterstützung eines Freundes, einer Freundin oder deines Partners, deiner Partnerin. Die Methoden, die ich dir im Folgenden vorstelle, gehen ganz behutsam vor. Die Vorgehensweise wirst du erst „trocken" üben, bevor du dich mit deiner Angst beschäftigst.

Wichtiger Hinweis:

Falls du unter einer **Angststörung** leidest, lege ich dir dringend ans Herz, dir therapeutische Unterstützung zu suchen. Angststörungen erkennst du zum Beispiel an starkem Herzrasen, Atemnot, Erstickungsgefühlen, starkem Schwitzen oder Kälteschauern, Zittern und der starken Angst, die Kontrolle zu verlieren. Wenn das bei dir der Fall ist, versuche nicht, dich (mit diesem Selbstlernkurs) selbst zu therapieren.

Frei von Angst

Wenn du in der Lage bist, deiner Angst ins Auge zu blicken, dann eröffnet das ungeahnte Möglichkeiten. Dann bist du nicht mehr abhängig von der Angst, die Angst kann dich nicht mehr antreiben oder davon abhalten, etwas zu tun. **Dann lässt du dich nicht mehr von deiner Angst steuern.**

Das heißt nicht, dass du dann nie wieder Angst spüren wirst (also angstfrei bist). Es bedeutet, dass du keine Angst vor der Angst mehr hast – und das ist letztlich die größte Freiheit, die wir haben können.

Die amerikanische Psychologin Susan Jeffers hat ein empfehlenswertes Buch (Jeffers 2007) geschrieben, das so heißt:

Feel the fear
and do it anyway

Genau darum geht es: **Spüre deine Angst – und tu es trotzdem.** Nimm wahr, dass du Angst hast (Angst heißt: Es geht um etwas Wichtiges), und tue es, obwohl Angst da ist. Lass dich von der Angst nicht davon abhalten, das zu tun, was wichtig und richtig ist.

Die deutsche Fassung des Buchs heißt übrigens *Selbstvertrauen gewinnen: Die Angst vor der Angst verlieren* (2014).

Warum es keine gute Idee ist, die Angst einfach zu betäuben

Ich hatte oben darüber geschrieben, dass und wie manche Menschen ihre Ängste „wegmachen“ oder betäuben. Das ist keine gute Idee.

Selbst wenn es dir gelingt, deine Ängste zu betäuben, betäubst du damit zwangsläufig all deine Gefühle. Es ist nicht möglich, selektiv eine einzige Emotion herunterzuregeln. Es leidet unweigerlich deine gesamte Fähigkeit, Gefühle zu empfinden. Natürlich kannst du dich weiterhin freuen, aber halt nur gedämpft – ohne das Betäuben der Angst wäre weit intensivere Freude möglich. Und auch andere Gefühle wie Traurigkeit oder Wut wirst du nur sehr gedämpft, wenn überhaupt, spüren.

Vielleicht hältst du das für keinen großen Verlust. Nur, wie gesagt: Du erkaufst das auf Kosten deiner Fähigkeit, dein gesamtes Gefühlsspektrum, also auch Freude und Liebe, intensiv zu empfinden.

Und das geht zulasten deiner Lebendigkeit.

4.3 Wovor hast du wirklich Angst?

Weiter oben habe ich ja schon die beiden häufigsten Ängste von Perfektionist*innen kurz vorgestellt. Wie genau die Ängste bei dir ausgeprägt sind, findest du in diesem Abschnitt heraus. Dabei bekommst du gleich das erste Werkzeug an die Hand, mit dem du lernst, mit der Angst umzugehen.

Im Folgenden stelle ich dir die Vorgehensweise erst einmal vor. Lies dir die Beschreibung zuerst nur durch. Die praktische Übung kommt dann im Anschluss.

Die Vorgehensweise sieht wie folgt aus:
1. Wovor hast du Angst: Was kann passieren?
2. Was dann?
3. Was kann an Positivem passieren?
4. Was dann?

1. Wovor genau hast du Angst: Was kann passieren?

Dazu nimmst du dir ein Blatt Papier und schreibst alle negativen Dinge untereinander auf, die passieren können. Auch wenn du merkst, dass die Befürchtung irrational ist oder dass das, was du befürchtest, nie eintreten wird, schreibst du es auf.

Drei Beispiele:

- *Das Buch ist fertig und keiner kauft es.*
- *Ich habe die Fenster nicht geputzt und wenn ich abends das Licht anschalte, sehen meine Gäste, wie verschmiert die Scheiben sind.*
- *Nach meinem Vortrag klatscht keiner, es herrscht peinliche Stille.*

Durch das Aufschreiben machst du die Befürchtungen konkret. Sie sind dann kein unbestimmtes Gefühl mehr, das irgendwo in dir lauert, das du aber nicht greifen kannst.

Du wirst wahrscheinlich auch feststellen: Manche dieser Befürchtungen haben gar nichts damit zu tun, ob das, was du tust, perfekt ist oder nicht.

Zum ersten Beispiel: Ob dein Buch perfekt ist oder nicht, hat nur sehr eingeschränkt Einfluss darauf, wie gut es sich verkauft. Da spielen ganz andere Faktoren eine Rolle (etwa das Marketing des Verlags, die Größe der Zielgruppe, die Bereitschaft der Betroffenen, sich das Buch zu kaufen …).

2. Was dann?

Jetzt nimmst du den ersten Punkt auf deiner Liste. Du überlegst dir, was wäre, wenn das tatsächlich stimmt oder eintritt. Was könntest du tun? Das notierst du.

Falls sich da eine weitere Befürchtung meldet, schreibst du sie ebenfalls auf und fragst dich: „Was dann? Was könnte ich tun?“ Auch das notierst du.

Nun gehst du die Liste Punkt für Punkt durch und überlegst für jede Befürchtung, was dann wäre bzw. was du dann tun könntest.

Du wirst sehen, dass du bereits jetzt Möglichkeiten hast, mit den erwarteten Schwierigkeiten umzugehen.

3. Und was kann an Positivem passieren?

Anschließend nimmst du dir ein weiteres Blatt und notierst jeweils das Gegenteil der Befürchtungen aus Schritt 1. Angenommen, eine Befürchtung lautet: *Was, wenn ich den Job, um den ich mich beworben habe, nicht bekomme?* Dann notierst du hier beispielsweise: *Ich bekomme den Job.*

4. Und was dann?

Für jeden der Punkte von der Positivliste notierst du, was du dann tust bzw. was dann passieren könnte. Damit setzt du den befürchteten Negativkonsequenzen etwas Positives entgegen.

ÜBUNG 4.1

Was kann passieren? Was dann?

So, jetzt bist du an der Reihe: Nimm dir ein paar Blätter Papier und gehe wie gerade beschrieben die folgenden Punkte durch. Nimm dir Zeit für die Aufgabe und mache sie unbedingt schriftlich.

1. Wovor genau hast du Angst: Was kann passieren?
2. Was dann?
3. Und was kann an Positivem passieren?
4. Was dann?
5. Und zuletzt: Gehe die Listen noch einmal durch und notiere dir anschließend, was für dich die wichtigsten Erkenntnisse aus dieser Übung sind.

Drei Beispiele für die Erkenntnisse, die du in Schritt 5 haben könntest:

Bei mehr als der Hälfte der Dinge, die schieflaufen können, weiß ich jetzt schon, wie ich reagieren kann.

Auf ... habe ich gar keinen Einfluss. Mir darüber jetzt den Kopf zu zerbrechen bringt überhaupt nichts.

Also, wenn ich mir die Befürchtungen genauer anschaue, dann ist das alles gar nicht so schlimm, wie ich immer dachte.

ÜBUNG 4.2

Tick-Tock, der Angst den Schrecken nehmen

Tick-Tock ist eine meiner Lieblingsübungen. Es ist eine Methode, die hilft, mit Zweifeln, Ängsten und Unsicherheit umzugehen. Sie stammt aus dem Buch *Thinkertoys* von Michael Michalko (1991), das leider bisher nicht ins Deutsche übersetzt wurde.

Die Angst, die Perfektionist*innen typischerweise haben, ist die Angst vor Fehlern, genauer gesagt: die Angst, einen Fehler übersehen zu haben. Dahinter steckt die Angst, ausgelacht oder abgelehnt zu werden. Diese Angst ist rational in den allermeisten Fällen nicht haltbar, sitzt aber dennoch tief. Mit Tick-Tock kannst du sie ans Tageslicht holen und ihr den Schrecken nehmen

Bevor wir loslegen, betrachte einmal Abbildung 4.1:

Abbildung 4.1

Auf den ersten Blick wirken die Figuren aus der Abbildung wahrscheinlich seltsam und ergeben keinen Sinn. Schließlich bist du durch jahrelanges Lesen darauf trainiert, schwarze Buchstaben vor weißem Hintergrund zu lesen, und achtest nicht auf die weißen Zwischenräume.

Wenn du jetzt aber den Fokus auf die weißen Zwischenräume richtest, erkennst du schnell das Wort „THINK". Jetzt stehen für dich die weißen Flächen im Vordergrund und die schwarzen sind in den Hintergrund gerückt.

Und genauso funktioniert Tick-Tock: Wie die schwarzen Figuren rücken bei Tick-Tock deine negativen Gedanken in den Hintergrund, die positiven Gedanken dominieren.

Bei Tick-Tock gehst du so vor:

1. Nimm ein Blatt Papier und ziehe eine senkrechte Linie über das Blatt.
2. Schreibe über die linke Spalte „Tick" und über die rechte „Tock".
3. In die linke Spalte schreibst du untereinander alle negativen Gedanken, die dir in Bezug auf das Gebiet kommen, auf dem du perfekt sein willst (oder musst). Lass beim Aufschreiben zwischen den negativen Gedanken genug Platz. Rechne damit, dass du in die rechten Spalte mindestens doppelt so viel Text schreiben wirst.
4. Lies dir die Liste mit den negativen Gedanken in Ruhe durch. Lasse diese Gedanken auf dich wirken. Und dann schaue dir an, was tatsächlich dahintersteckt und wie du Negatives übertreibst und positive Dinge ausklammerst oder verzerrst.
5. Schreibe nun in die rechte Spalte neben jeden negativen Gedanken einen positiven Gegengedanken, gern auch mehrere.

Ein Tipp:

Hilfreich können dabei zwei Dinge sein:

- Gehe innerlich zwei Schritte zurück, sodass du dich vor deinem geistigen Auge selbst beobachtest. Wie siehst du mit diesem Abstand die Befürchtungen? Was sagst du als Beobachter*in dazu?
- Versetze dich gedanklich in ein, zwei Personen, die dir gegenüber wohlwollend sind. Was würden sie in Bezug auf die eben notierte Befürchtung sagen?

Einige Beispiele für Tick-Tock findest du in Tabelle 4.1.

ÜBUNG 4.3

Regelmäßig Tick-Tocken

Ich empfehle dir, dir von nun an regelmäßig negative Gedanken mithilfe von Tick-Tock genauer anzuschauen. Du wirst sehen, dass du mit der Zeit lernst, auf diese Weise positiver zu denken. Negative Gedanken werden so zum Auslöser, der dich veranlasst, nach positiven Aspekten zu suchen. Mit der Zeit auch ohne Tick-Tock-Blatt.

Tick	Tock
„Das klappt doch nie, das geht garantiert in die Hosen. Und dann stehe ich saublöd da."	„Mal ehrlich: Es hängt nicht mein Leben davon ab, ob X jetzt perfekt ist oder nicht. Ich weiß, dass ich gut y kann. Ich fange jetzt an und mache es so gut, wie ich kann. Es gibt ganz viel Spielraum zwischen ‚perfekt' und ‚völlige Pleite'."
„Das ist eine derart gewaltige Aufgabe. Das kriege ich nie im Leben hin!"	„Ich muss das nicht alles auf einmal schaffen. Wichtig ist erst einmal, dass ich anfange. Wie isst man einen Elefanten? Einen Bissen nach dem anderen."
„Ich habe keine Selbstdisziplin. Ich bin nicht in der Lage, mir die Zeit dafür frei zu schaufeln und bis zum Schluss dranzubleiben."	„Na ja, etwas Disziplin muss ich haben. Sonst hätte ich nie das Studium neben dem Job geschafft. Das Projekt ist mir so wichtig. Dafür bin ich auch bereit, für eine überschaubare Zeit täglich zwei Stunden zu investieren und dafür die Zeit bei Netflix und Facebook einzuschränken."
„Ich bin die Expertin für ... Ich muss alles wissen und in dem Buch unterbringen."	„Mit dem Anspruch wird das Buch nie fertig. Du wirst nie alles wissen können. Natürlich wird es vorkommen, dass ein Leser etwas herausgefunden hat, das du noch nicht weißt. Dann gibt es immer noch genügend Dinge, die er von dir lernen kann."

Tabelle 4.1: Beispiele für Tick-Tock

4.4 Hochstapler-Phänomen: wenn keiner merken darf, dass du Fehler machst

Die amerikanische Schriftstellerin und Dichterin Maya Angelou (1928–2014) soll einmal gesagt haben: „Ich habe elf Bücher geschrieben. Aber jedes Mal denke ich ‚Oho, jetzt werden sie's rausfinden. Ich habe sie alle getäuscht und sie werden mir auf die Schliche kommen'."[3]

Den Begriff „Impostor Syndrome" (Hochstapler-Syndrom) prägten 1978 die Psychologinnen Pauline Clance und Suzanne Imes (Clance & Imes). Sie hatten beobachtet, dass viele beruflich erfolgreiche Frauen glaubten, ihre Intelligenz und ihre Leistungen würden von anderen überschätzt. Lange dachte man, dass Männer für dieses Phänomen nicht (so) anfällig wären, das hat sich aber als Irrtum herausgestellt. Einer Studie von Langford und Clance (1993) zufolge zeigt sich das Phänomen bei Frauen in Form von Vorsicht und Zurückhaltung, bei Männern dagegen in Form von hektischer Aktivität – Männer versuchen offenbar, ihre Kompetenz durch Aktivität zu beweisen.

Clance nahm später den Begriff „Syndrom" zurück. Ein Syndrom ist eine Kombination aus verschiedenen Krankheitssymptomen. Und genau das ist das Hochstapler-Phänomen nicht. Es ist keine mentale Störung oder Krankheit und es ist auch kein unveränderliches Persönlichkeitsmerkmal, wie man anfangs dachte – das heißt: Das Phänomen kann auch wieder verschwinden. Tatsächlich fühlen sich amerikanischen Studien zufolge 70 Prozent aller Menschen unter bestimmten Umständen als Hochstapler*in (Wikipedia).

Sehr häufig schätzen Menschen, die sich für Hochstapler*innen halten, ihre eigenen Fähigkeiten und Leistungen falsch ein. Sie denken, dass ihre Erfolge nur aus Zufall oder Glück oder durch Fleiß oder Manipulation zustande gekommen sind. Zusätzlich haben sie ständig Angst, jemand könnte bemerken, dass sie allen nur etwas vorgemacht haben und gar nicht so intelligent oder begabt sind. Kurz: Es könnte herauskommen, dass sie im Grunde ein Hochstapler, eine Betrügerin oder ein Blender sind. Ihre Angst ist es, aufzufliegen und wie der Kaiser im Märchen ohne Kleider dazustehen.

Woran erkennt man das Hochstapler-Phänomen? Betroffene zeigen eins oder mehrere der folgenden Symptome:

- Die Betroffenen versuchen, durch übermäßiges Arbeiten sicherzustellen, dass sie nichts übersehen und keine Fehler machen. Sie wollen unter allen Umständen vermeiden, Grund zu Kritik zu liefern.

---

3 Es gibt dafür zahlreiche „Fundstellen" im Web, die tatsächliche Quelle habe ich nicht gefunden. Die Übersetzung stammt von mir.

- Oder sie zeigen Aufschiebeverhalten: Sie schieben den Zeitpunkt immer weiter hinaus, ab dem andere erkennen könnten, dass sie Hochstapler*innen sind.
- Sie kämpfen ständig mit der Angst davor, mit anderen verglichen zu werden.
- Sie vertrauen ihren eigenen Fähigkeiten nicht. Ebenso wenig trauen sie positiven Rückmeldungen.
- Sie gestehen sich selten das Recht zu, Fertigkeiten erst erlernen zu müssen. Sie glauben, sie müssten diese Fertigkeiten schon besitzen (um dieses Phänomen, das sogenannte Fixed Mindset, übersetzt: „statisches / starres Selbstbild", wird es ausführlich in Lektion 6 gehen).
- Sie sind sehr vorsichtig und gehen keine Risiken ein. Sie halten sich bewusst im Hintergrund und werden nur in Situationen sichtbar, in denen sie sicher sind, erfolgreich zu sein.

All das, obwohl in den allermeisten Fällen harte Arbeit, Können, Kreativität und Mut hinter dem stecken, was sie geleistet oder geschaffen.

Das Anti-Hochstapel-Training

Wie kannst du mit dem Hochstapler-Phänomen umgehen?

- Eins der wirksamsten Mittel ist genau das, wovor sich vermeintliche Hochstapler*innen am meisten fürchten: **darüber sprechen**. Das heißt nicht, dass du deine Angst öffentlich machen musst, wie das der Schauspieler Tom Hanks und die Facebook-Managerin Sheryl Sandberg getan haben (beide haben in Interviews eingeräumt, unter dem Hochstapler-Phänomen zu leiden). Es reicht völlig, wenn du deine Angst ein, zwei Personen anvertraust, die dir wohlgesonnen sind (mehr dazu in den Übungen weiter unten).
- Hilfreich ist auch, sich vor Augen zu halten, dass das Phänomen nicht dauerhaft ist und dass es **situationsbezogen** ist. Typischerweise kommt die damit verbundene Angst dann hoch, wenn du etwas besonders Schwieriges oder Bedeutendes tust, wenn es um etwas Wichtiges geht. Das heißt: Du beschäftigst dich gerade mit einer herausfordernden Aufgabe – da ist es ganz normal, Angst zu haben, die Aufgabe nicht meistern zu können. Das heißt aber auch: Du bist gerade an etwas dran, das **persönliches Wachstum** und Weiterentwicklung verspricht.
- Halte dir immer wieder vor Augen, dass deine Gedanken, nicht zu genügen, genau das sind: **einfach nur Gedanken**, mehr nicht.
- Statt dich mit anderen zu vergleichen oder dich mit einem (oft nicht erreichbaren) Ideal zu messen: Fokussiere deine Aufmerksamkeit darauf, welchen positiven Anteil du am Gelingen hast. Perfektionist*innen sehen meist sehr genau, wo sie Fehler machen und nicht genügen – konzentriere deine Aufmerksamkeit statt-

dessen darauf, **was du gut gemacht hast**, was du kannst, wo du dich angestrengt hast, wo du etwas gelernt hast.

- Umgib dich mit Menschen, die dich unterstützen und die die positiven Seiten in dir sehen und schätzen.

ÜBUNG 4.4

Das Anti-Hochstapel-Training

Und jetzt wird es ganz konkret. Sprich: Tu es! Entweder sofort oder in einer konkreten Situation, wenn die Angst, als Hochstapler*in entlarvt zu werden, hochkommt.

1. Darüber sprechen

Suche dir eine Person, der du vertraust und von der du weißt, dass sie dir wohlgesonnen ist. Und teile dich ihr mit: Vertraue ihr deine Ängste an. Bevor du dich verletzlich zeigst, sage der Person, dass sie dir am meisten hilft, wenn sie einfach nur zuhört und da ist. Sie soll nicht versuchen, dich zu trösten oder zu sagen „Ist doch nicht so schlimm!“ oder „Das stimmt doch gar nicht“. Einfach nur zuhören, mitfühlend zuhören (nicht mitleidig) – das ist das Beste, was sie tun kann. Einfach nur Zeuge sein, wenn du zu deinen Ängsten stehst, wenn du ganz zu dir stehst.

2. Schreibübung: nur Gedanken

Das Hochstapler-Phänomen kann in schwierigen Situationen zu einer negativen Gedankenschleife führen. Hier ist es wichtig, aus der Schleife auszusteigen: Mache dir bewusst, dass Gedanken wie „Hoffentlich merkt keiner, dass ich nichts auf dem Kasten habe!“ einfach nur Gedanken sind, mehr nicht. Nimm diese Gedanken wahr und notiere sie auf einem Blatt Papier. Lies die Notizen noch einmal durch und schreibe fett oder in roter Schrift darunter oder darüber „Das sind nur Gedanken!“.

Tipps zum Aufschreiben:

Einer meiner Klienten schreibt „Bloß Gedanken“ mit einem dicken roten Filzstift quer über die negativen Gedanken.

Auf eine schöne Idee ist eine andere Klientin gekommen: Sie faltet das Blatt anschließend zu einem Papierflieger und lässt ihn raus auf den Flur segeln. Andere zerknüllen das Papier und werfen es weg.

3. *Die zweite Schreibübung: Fokus auf das Positive*

Dazu empfehle ich zwei Dinge:

- Nimm dir einen Zettel und notiere alles, was du in den letzten zwei Jahren geleistet hast. Schreibe auch all die Kleinigkeiten auf, die gut gelaufen sind. Ergänze diese Liste alle drei oder sechs Monate.
- Wenn die Hochstapler-Gedanken in einer konkreten Arbeits- oder privaten Situation aufkommen: Nimm dir einen Zettel und schreibe detailliert auf, was dein Anteil am Gelingen ist. Was du gut gemacht hast, wo du etwas gelernt hast. Es geht nicht darum, dich mit anderen zu vergleichen oder zu schauen, wie weit du von vermeintlicher Perfektion entfernt bist.

Das Aufschreiben hat den Vorteil: Du hast deine Erfolge und positiven Seiten schwarz auf weiß vor dir (nicht nur als flüchtige Gedanken im Kopf, die du leicht wegwischen kannst). Dadurch fällt es dir leichter, die positiven Dinge realistisch zu bewerten.

Außerdem kannst du die Liste später wieder hervorholen, um dich an deine Leistungen zu erinnern, wenn du mal in schlechter Stimmung bist.

4. *Unterstützer*innen suchen*

Stelle eine Liste mit Menschen zusammen, die dich unterstützen und ermutigen. Versuche, pro Woche Zeit mit mindestens einer dieser Personen zu verbringen. Dabei musst du nicht über deine Ängste sprechen, es geht nur darum, Kontakt zu Menschen zu haben, in deren Gegenwart du dich wohlfühlst.

4.5 Die Angst über den Körper regulieren

Angst hat eine ganze Reihe körperlicher Symptome: Herzklopfen, Muskelanspannung (Kiefer, Nacken, Bauch), Muskelzittern, Schwitzen.

Sehr häufig atmen wir entweder ganz schnell und flach. Oder aber wir atmen tief ein und halten die Luft an. Kein Wunder, dass nach einiger Zeit der Kopf leer wird und wir keinen klaren Gedanken mehr fassen können. Der Körper spannt sich immer mehr an, denn wir sind innerlich höchst erregt.

Das ist keine sexuelle Erregung, sondern Teil eines uralten, automatisch ablaufenden Notfallprogramms: Der Körper bereitet sich in Gefahrensituationen auf eine der Reaktionen Kampf, Flucht oder Totstellen vor (mehr dazu weiter unten).

Die wirkungsvollste Art, die Angst zu regulieren, ist, dazu den Körper zu nutzen. Denn das bringt uns ins Hier und Jetzt. Die Angst ist ja in der Regel auf etwas in der

Zukunft gerichtet, wir haben Angst vor dem, was – gleich (also nicht jetzt) oder noch später – passieren könnte. Da hilft es, sich auf das Hier und Jetzt zu konzentrieren und sich (zurück) in den eigenen Körper zu bringen.

Die drei Methoden, die ich dir gleich vorstellen werde, sind ganz simpel und helfen dir, aus dem automatisch ablaufenden Notfallprogramm auszusteigen. Und sie haben den Vorteil, dass du aktiv wirst und die Dinge in die Hand nimmst und nicht in der Opferrolle hängen bleibst.

Zum Hintergrund

Unser Körper reagiert bei einer realen oder fantasierten Gefahr unwillkürlich mit einem Verhalten, das die körperliche Unversehrtheit bzw. das Überleben sicherstellen soll. Diese Reaktionen bereiten den Körper auf Kampf oder Flucht vor (Kampf-oder-Flucht-Reaktion, *fight-or-flight response*). Ausgelöst werden die Reaktionen durch die Ausschüttung der Hormone Adrenalin und Noradrenalin im Gehirn.

Typische Körperreaktionen sind:

- höhere Aufmerksamkeit (weite Pupillen, empfindlichere Seh- und Hörnerven) und höhere Reaktionsfähigkeit;
- erhöhte Muskelanspannung;
- erhöhte Herzfrequenz und höherer Blutdruck, was die Sauerstoff- und die Energiezufuhr zu den Muskeln erhöht;
- entweder flachere Atmung (kann zu Atemnot führen) oder verstärkte Einatmung (kann ebenfalls zur gefühlten Atemnot führen, weil die Luft angehalten und verbrauchte Luft nicht ausgeatmet wird; alternativ kann es zur Hyperventilation kommen);
- nicht überlebensnotwendige Körperaktivitäten werden reduziert (Blasen-, Darm-, Magentätigkeit);
- durch das Hochfahren der zum Kämpfen oder Flüchten notwendigen Körperaktivitäten kommt es oft zu Schwitzen, Zittern, eventuell auch zu Schwindelgefühl und Übelkeit.

Neben Kampf und Flucht gibt es noch die Reaktionsmöglichkeit Erstarren *(freeze)* oder Totstellen: Tiere erstarren oder stellen sich tot, wenn sie vor einem Raubtier nicht flüchten und nicht kämpfen können – so hoffen sie, vom Raubtier übersehen zu werden (Raubtieraugen sprechen auf Bewegung an). Auch wir Menschen kennen dieses Einfrieren: Wir sind in Extremsituationen manchmal nicht mehr in der Lage, uns zu bewegen, Entscheidungen zu treffen oder einigermaßen klar zu denken.

Die Körperreaktionen zeigen wir übrigens nicht nur bei tatsächlicher oder eingebildeter Gefahr für Leib und Leben, sondern auch in typischen Stresssituationen. Darum geht es in diesem Kurs jedoch nicht.

ÜBUNG 4.5

Das Atmen nicht vergessen

Ein einfaches und wirkungsvolles Mittel, sich in einer Angstsituation wieder zu regulieren, ist der Atem. Ausatmen (raus mit der verbrauchten Luft), kurze Pause, einatmen, ausatmen, kurze Pause, einatmen ... Und zwar langsam und ruhig – so kannst du dich selbst wieder beruhigen. Schon nach wenigen Atemzügen bist du wieder in der Lage, klarer zu denken und die Situation zu analysieren.

Das ist natürlich leichter gesagt als getan. Wenn uns Angst lähmt, denken wir ja in der Regel nicht daran. Aber jetzt, wo du das weißt, kannst du versuchen, beim nächsten Mal, wenn die Angst kommt, auf deinen Atem zu achten. Wenn du merkst, dass du den Atem anhältst: ausatmen, einatmen, ruhig werden.

Du wirst anfangs wahrscheinlich nicht in jeder Situation daran denken, aber mit der Zeit wird dir das in Fleisch und Blut übergehen: In stressigen Situationen immer mal wieder überprüfen, wie du atmest, ob du die Luft anhältst. Ob das bei einer hitzigen Diskussion ist, wenn dich jemand verbal angreift, wenn dich jemand anschreit, wenn du erschrickst ...

ÜBUNG 4.6

Die Angst im Körper lokalisieren und beruhigen

Eine zweite Möglichkeit, deinen Körper zu nutzen, um die Angst zu regulieren: Achte die nächsten Male, wenn du Angst verspürst, darauf, wo im Körper du sie spüren kannst.

Oft sitzt die Angst im Bauch oder etwas tiefer im Unterbauch. Sie kann sich anfühlen wie eine geballte Faust oder ein Fels- oder Eisbrocken. Es kann aber auch ein flaues Gefühl sein – so, als würde dir gleich schlecht werden. Oder es ist ein heißes Brodeln wie kurz vor einem Durchfall.

Die Angst kann aber auch im Hals oder im Brustkorb sitzen. Der Hals kann sich zugeschnürt anfühlen, vielleicht hast du das Gefühl, dass du gleich keine Luft mehr bekommst (dann denke dran: erst ausatmen, um Platz in der Lunge zu schaffen, dann einatmen). Vielleicht kommt aber auch ein Würgen.

Wenn du also das nächste Mal Angst spürst:

1. Schaue, wo in deinem Körper die Angst sitzt. Nimm sie erst einmal wahr: Wo ist sie? Wie fühlt sie sich an?
2. Lege dann eine Hand auf die Stelle im Körper, an der die Angst sitzt.
3. Atme tief aus und wieder ein. Mach das ein, zwei Minuten lang. Oft verändert sich das Gefühl dann, die Angst wird geringer.
   Es kann auch sein, dass die Angst an eine andere Stelle im Körper wandert. Dann lege deine Hand auf die neue Stelle und atme.
4. Probiere auch aus, was passiert, wenn du (leise oder nur in Gedanken) mit deiner Angst sprichst. Du könntest zum Beispiel sagen: „Hallo, Angst. Ich kann dich spüren. Die Botschaft kam an. Ich kümmere mich darum, dass wir sicher sind. Du kannst also wieder gehen. Ich danke dir."
   Wenn die Angst sehr stark ist, wirst du wahrscheinlich eher etwas Kürzeres sagen wie: „Ich spüre dich, Angst. Botschaft angekommen, ich kümmere mich darum. Danke."
   Schau, was für dich am besten passt.

ÜBUNG 4.7

Hände auflegen

Den folgenden Tipp habe ich bei der Traumatherapeutin Michaela Huber kennen und schätzen gelernt (2010):

1. „Wenn du spürst, dass Angst aufsteigt: Lege beide Hände übereinander auf den Brustkorb. Und zwar in der Mitte des Brustkorbs, vier bis fünf Zentimeter unter dem Halsansatz.
2. Konzentriere dich auf die Berührung und atme langsam aus und ein. Spüre, wie sich der Brustkorb leicht hebt und senkt (es geht nicht darum, die Lungen gewaltig aufzublasen, am wirkungsvollsten ist es, wenn sich der Brustkorb nur leicht hebt und senkt).
3. Bleibe einige Zeit dabei, bis du merkst, dass du ruhiger wirst und die Angst wieder geht."

Warum genau das funktioniert, kann ich nicht schlüssig erklären. Klar ist (und das sagt auch Michaela Huber): Unter der Stelle liegt die Thymusdrüse. Sie ist Teil unseres Immunsystems und produziert Immunzellen. Was sie mit der kurzfristigen Regulierung von Angst zu tun hat, erschließt sich mir nicht. Auch wenn ich keine Erklärung dafür habe: Bei mir funktioniert das Handauflegen gut, ebenso bei denjenigen von meinen Klient*innen, die die Methode für sich nutzen. Auch andere Therapeut*innen aus meinem Bekanntenkreis, die mit traumatisierten Menschen arbeiten, bestätigen die beruhigende Wirkung.

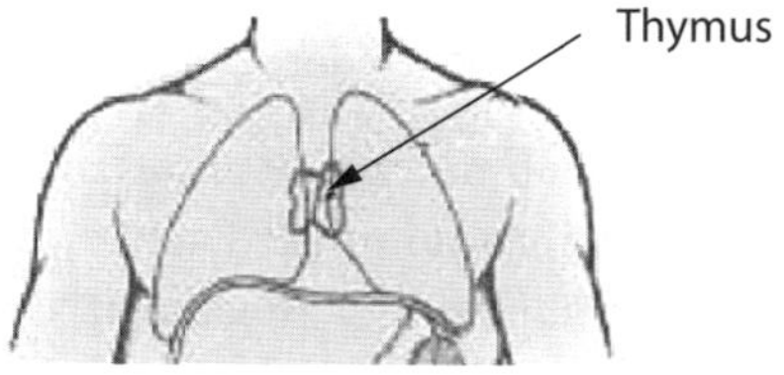

Abbildung 4.2: Handauflegen auf die Thymusdrüse beruhigt

Was nach meiner Erfahrung zur Beruhigung nicht so wirksam ist, ist das Klopfen auf den Thymus. Das wird ja von verschiedenen Seiten zur Stärkung des Thymus und des Immunsystems empfohlen. Das Klopfen hat eher aktivierende Wirkung – das senkt nicht die Erregung, die mit der Angst kommt, eher im Gegenteil.

4.6 Wahrnehmung: der Schlüssel zum Umgang mit der Angst

Wir Menschen nehmen die Welt um uns herum über unsere fünf Sinne auf und speichern und verarbeiten Informationen innerlich als Ergebnisse und Gedanken, die innerhalb jedes Sinneskanals als sogenannte Submodalitäten repräsentiert werden.

Submodalitäten sind die Untereigenschaften der Sinneswahrnehmungen, also die feinen subtilen Unterscheidungen, die wir wahrnehmen können. Beispielsweise der Tonfall des Gesagten, die Helligkeit des Lichts, die Wärme der Luft oder auch die Qualität eines Geruchs. Mithilfe von Submodalitäten können wir Erlebnisse und Dinge genau beschreiben bzw. das Erleben anderer Personen nachvollziehen.

Oft nehmen wir diese feinen Unterschiede gar nicht bewusst wahr, dennoch prägen und beeinflussen sie über das Unbewusste unser Erleben einer Situation.

Submodalitäten nutzt man in der Hypnotherapie und im Neurolinguistischen Programmieren (NLP) unter anderem dazu, bestimmte Zustände zu intensivieren oder abzuschwächen (also beispielsweise Angst). NLP ist eine ressourcenorientierte Methodik, die im Coaching, in der Psychotherapie und in Seminaren eingesetzt wird. Ich arbeite seit 15 Jahren mit verschiedenen NLP-Methoden.

Warum wir uns in dieser Lektion mit Submodalitäten beschäftigen: Die Submodalitäten bestimmen, wie wir etwas erleben. Umgekehrt können wir aber auch die Submodalitäten beeinflussen – und damit wiederum unser Erleben.

Konkret heißt das: Mithilfe von Submodalitäten ist es möglich, ein Gefühl wie Angst gezielt abzuschwächen. Dadurch bist du in der Lage, dich mit deiner Angst zu konfrontieren, ohne von der Angst überwältigt zu werden. Und ohne dass du die Angst komplett betäuben musst, um sie aushalten zu können (denn das hätte ja die negative Folge, dass du nicht nur die Angst, sondern alle Gefühle betäubst).

Praktisches Beispiel: wie du mithilfe von Submodalitäten die Angst abschwächst

Nehmen wir für dieses Beispiel an, dass du, wenn du Angst hast, wie im Film einen Riesen auf dich zukommen siehst und hörst, wie er dich anbrüllt.

Nun stelle dir vor, du bist Regisseur*in dieses Films oder Filmvorführer*in im Kino. Wie könntest du den Film weniger angsteinflößend machen?

Beispielsweise, indem du den Riesen zu einem Zwerg schrumpfst. Oder indem du den Abstand zu ihm veränderst: Wenn der Riese oder der Zwerg in einem Kilometer Entfernung ist, dann kann er doch brüllen und stampfen, so viel er will – er stellt keine Gefahr dar.

Apropos Brüllen: Wie wäre es, wenn er eine Mickey-Maus-Stimme hätte? Stelle ihn dir mit piepsiger Comicstimme vor. Dann ist er eher zum Lachen als zum Fürchten. Oder du drehst an der Lautstärke: Wenn du nicht hören willst, was er sagt, drehe ihm den Ton ab.

Auch mit seiner Geschwindigkeit kannst du spielen: Lass ihn doch ganz langsam gehen, wie in Zeitlupe. Anschließend beschleunigst du den Film, sodass der geschrumpfte Riese wie in einem Comicfilm ganz schnell herumwieselt. Und wenn er dir zu nahe kommt, dann lässt du den Film rückwärtslaufen, wieder vorwärts, rückwärts. Anhalten kannst du den Film natürlich auch.

Und probiere auch einmal aus, welchen Unterschied es macht, ob du den Film in Farbe siehst oder in Schwarz-Weiß. Wie ist es, wenn die Figur unscharf ist? Oder wenn du die Helligkeit so weit aufdrehst, dass der Film und die Figur ganz blass werden?

Du siehst: Wenn du die Submodalitäten des Tonfilms änderst, kannst du die Elemente abschwächen, die dir Angst machen. Im Beispiel sind das visuelle (sichtbare), auditive (hörbare) sowie sogenannte kinästhetische Submodalitäten (Bewegung,

Schnelligkeit zählen neben allem, was mit Berührung und inneren Empfindungen zu tun hat, zu den kinästhetischen Submodalitäten).

Ob in Situationen, in denen du Angst verspürst, nun ein innerer Tonfilm abläuft wie im Beispiel oder du andere Dinge wahrnimmst: Wichtig ist herauszufinden, was genau die Situation so angsteinflößend macht – also: Was sind die Submodalitäten der Situation?

Submodalitäten, die in Bezug auf Angst wichtig sein können

Ich habe für die fünf Sinne die typischen Submodalitäten zusammengestellt, die die Intensität der Angst beeinflussen – und mit denen du die Intensität beeinflussen kannst. Möglicherweise sind bei dir noch andere Submodalitäten von Bedeutung.

Visuell (Sehen): Größe, Entfernung, Farbigkeit (Farbe oder Schwarz-Weiß, kräftige oder blasse Farben), Helligkeit, Klarheit, Kontrast / Schärfe, bewegtes Bild vs. Standbild, Richtung und Geschwindigkeit der Bewegung, Tiefe (zwei- oder dreidimensional), Position (steht das, was dir Angst macht, vor dir oder hinter dir?).

Auditiv (Hören): Lautstärke, Tonhöhe, Tempo, Klangfarbe (schrill, dumpf), Klangcharakter (weich, hart), Herkunft des Geräuschs (von vorn, von hinten, aus der Entfernung), klar unterscheidbare Stimmen vs. unverständliches Gemurmel (sodass du negative Botschaften nicht mehr hörst).

Kinästhetisch (alles, was Gefühle / Spüren / Wahrnehmen sowie das Tun oder Bewegung anbelangt): Druck (leicht, stark, gleichbleibend oder wechselnd), Gewicht, Temperatur (warm, eiskalt, wechselnd), Körperhaltung, Bewegung, Geschwindigkeit, Gestik, Oberflächenbeschaffenheit (glatt / rau, weich / hart / fest, trocken / feucht, spitz / stumpf, haarig, seidig, schleimig), Intensität der Wahrnehmung (stark oder schwach), Intensität von Gefühlen (mit etwas Übung kannst du lernen, Gefühlsintensität wie mit einem Drehknopf zu „regulieren“).

Olfaktorisch und **gustatorisch**: Geruch (wohlriechend, stinkend, verraucht, stickig, muffig, stechend, metallisch), Geschmack (süß, salzig, bitter, sauer, schal, fruchtig).

Jetzt gilt es, herauszufinden, was genau die Angst bei dir auslöst bzw. verstärkt.

ÜBUNG 4.8

Welche Submodalitäten beeinflussen deine Angst?

1. Nimm dir zwei, drei Blätter Papier und einen Stift sowie die Submodalitätenliste von oben.
2. Sorge dafür, dass du die nächste halbe Stunde nicht gestört wirst, und mache es dir bequem.
3. Nun überlege: Welche Situationen lösen bei dir Angst aus? Welche Menschen? Welche Auslöser gibt es sonst noch? Diese Auslöser brauchst du dir nicht zu notieren (wenn du magst, kannst du das natürlich tun).
4. Es ist nicht nötig, dich in eine angstauslösende Situation hineinzuversetzen, es reicht für diese Übung, wenn du dich intellektuell damit beschäftigst: Überlege, was es ist, das dir Angst macht. Was gibt es da zu sehen, zu hören? Was spürst du (abgesehen von der Angst), was riechst oder schmeckst du? Lass dir Zeit.
5. Gehe die Submodalitätenliste von oben ein-, zweimal durch und notiere alle Punkte, die für dich zutreffen.
6. Schau die Liste durch, die du gerade zusammengestellt hast: Fehlt noch etwas? Ergänze diese Punkte.
7. Wenn dir in der nächsten Zeit noch zusätzliche Submodalitäten rund um deine Angst oder Ängste einfallen, trage sie in der Liste nach.

Submodalitäten verändern – wie geht das?

Jetzt kennst du die Submodalitäten, die Einfluss auf deine Angst haben. Das Verändern von Submodalitäten ist nicht weiter kompliziert: Tu's einfach.

In einer Situation, die Angst auslöst, ist es anfangs sicherlich schwierig. Deshalb empfehle ich dir, das erst in ungefährlichen Situationen auszuprobieren, also wenn du keine Angst verspürst – das machen wir gleich in der nächsten Übung. Damit du später in einer brenzligen Situation mit den Submodalitäten deiner Angst spielen kannst, ist ein wenig Praxis hilfreich. Am besten wiederholst du die nächste Übung ein paarmal.

Und wie funktioniert es nun konkret? Der Trick ist die bekannte Strategie:

Fake it until you make it

Übersetzt: „Tu so als ob – so lange, bis du's kannst."

Sie geht zurück auf die „Philosophie des Als-ob“ des deutschen Philosophen Hans Vaihinger (1852–1933). Der wiederum beeinflusste Psychologen wie William James (1842–1910) und Alfred Adler (1870–1937), die sich mit der Psychologie des Als-ob-Prinzips beschäftigten. Heute ist das Als-ob-Prinzip wichtiger Bestandteil der Kognitiven Verhaltenstherapie und des NLP.

Für unsere Zwecke übersetzt: Tu so, als ob du die Submodalitäten deiner Angst verändern könntest.

Der Riese aus dem Beispiel weiter oben ist ja nicht real. Der existiert ja „nur“ in deiner Vorstellung. Und die allermeisten Menschen sind in der Lage, etwas, was in ihrer Vorstellung erscheint, zu verändern. Sie können sich visuell vorstellen, dass der Riese beispielsweise größer oder kleiner wird oder ein anderes Gesicht hat, näher kommt oder sich entfernt.

Das gilt ebenso für Klänge – auch die existieren nur „im Kopf“, es steht ja kein Lautsprecher neben dir. Auch diese Klänge kannst du verändern, regulieren. Wenn es dir damit leichter fällt, stelle dir zusätzlich einen Lautstärkeregler vor (so einen, wie ihn Radios oder Stereoanlagen haben) und drehe daran. Damit nutzt du gleich drei deiner Wahrnehmungskanäle (Sehen: der Drehknopf, Hören: lauter / leiser, Berührung / Bewegung: das Drehen am Knopf).

Das Bild eines Drehknopfs oder eines Schiebereglers funktioniert nicht nur bei Lautstärke oder Klang (satt / dünn, hoch / tief). Du kannst es auch nutzen, um die Intensität (zum Beispiel einer Empfindung oder eines Gefühls) zu regeln, und auch bei Gerüchen und bei Geschmack.

Falls du zu den Menschen gehörst, die Schwierigkeiten haben, etwas in ihrer Vorstellung zu verändern (Größe, Lautstärke, Geruch etc.): Dann tu so, als könntest du es. Dazu sind vielleicht ein paar Anläufe nötig, aber erfahrungsgemäß funktioniert es mit der Zeit.

Ein kleiner Trick: Wenn es dir schwerfällt, dir vorzustellen, du könntest zum Beispiel einen Riesen kleiner machen, dann frage dich doch: „Wie würde der Riese denn aussehen, wenn er kleiner wäre?“ Versuche dir vorzustellen, anstelle des Riesen wäre ein Zwerg da.

ÜBUNG 4.9

Deinen Angsttoleranz-Muskel stärken

Übung macht den Meister:

Wie schon gesagt: Das Verändern der Submodalitäten geht immer besser, je öfter du es tust. Deshalb solltest du diese Übung mehrmals wiederholen.

1. Wähle eine Situation, die nicht angstbesetzt ist. Die ersten Male probiere es aus, wenn du allein zu Hause oder in einem Zimmer bist.
2. Nimm dir die Liste mit Submodalitäten, mit denen du deine Angst beeinflussen kannst.
3. Für die ersten zwei, drei Durchgänge nimmst du nicht die tatsächlichen Auslöser. Um beim Beispiel zu bleiben: Wenn ein Riese der Auslöser ist, dann nimmst du für den Anfang keinen Riesen, sondern einen Gegenstand, der nicht so bedrohlich ist.
4. Nun verändere nacheinander die Submodalitäten. Schau, was dir einfällt – und probiere aus, was gut funktioniert. Was kannst du an der Optik verändern? Was an den Tönen? Was daran, wie sich die Dinge anfühlen, welche Gedanken und Gefühle sie bei dir auslösen? Was kannst du am Geruch und am Geschmack verändern?
5. Mach das ruhig eine Viertelstunde lang, wenn du Spaß daran hast, gerne auch eine halbe Stunde.
   Und wenn du beim Spielen mit den Submodalitäten ins Lachen kommst: Wunderbar.
6. Spüre, bevor du aufhörst, in dich hinein: Wie ist es jetzt, wo du die Kontrolle über die Dinge hast?
7. Nimm dir ein Blatt Papier und notiere, wie es dir jetzt geht und wie deine Erfahrungen waren.

Wiederhole diese Übung noch mindestens einmal mit eher neutralen Dingen. Bei den Durchgängen danach nähere dich den Dingen an, die die Angst auslösen: Wenn du zuerst einen Gegenstand hattest, könnte es im nächsten Schritt ein lebendes Wesen sein, vielleicht erst eine Pflanze, dann ein Tier (natürlich ein harmloses Tier), dann erst der Riese aus dem Beispiel.

4.7 Dich deiner Angst stellen

So, jetzt hast du eine ganze Reihe von Mitteln an der Hand, mit denen du deiner Angst begegnen kannst. Wenn du die für dich relevanten Übungen ein paar Mal gemacht hast, bist du gut vorbereitet. Vor der Angst davonlaufen, die Angst vermeiden oder Angst vor der Angst haben – das ist nun nicht mehr wirklich nötig. Denn du kannst deiner Angst jetzt begegnen, ohne dass sie dich überwältigt.

Mir ist wichtig, dass du gut vorbereitet bist und das auch weißt. Deshalb:

1. Welche der Übungen findest du für dich am passendsten? Wie willst du dich verhalten, wenn sich Angst ankündigt oder plötzlich auftaucht?
2. Wie genau gehst du dann vor?
3. Und wie wirst du in der Situation daran denken, was du tun willst, um dich der Angst stellen zu können?
4. Fühlst du dich gut vorbereitet?
   Falls nicht: Welche der Übungen willst du noch einige Male wiederholen? Wann wirst du das tun?
5. Notiere dir die Antworten zu Schritt 1 und 3.

Wenn du dich nicht von der Angst überraschen lassen willst, kannst du sie auch herauskitzeln: Mache dich an die letzten Abschnitte dieser Lektion und nimm bei der Übung 4.10 einen etwas kitzligeren Fehler, als ich in der Anleitung empfehle.

4.8 Fehler sind dein Freund: die Haltung zu Fehlern verändern

Fehler gelten als Zeichen von Schwäche – jemand, der / die Fehler macht, ist nicht gut in dem, was er / sie tut. Man darf keine Fehler machen.

Und genau diese Einstellung ist einer der größten Fehler, den wir machen können.

Wir Menschen lernen durch Ausprobieren: Wir probieren etwas und schauen, ob es zum Erfolg führt oder nicht. Wenn es funktioniert, machen wir es wieder. Wenn etwas nicht funktioniert, probieren wir etwas anderes (jedenfalls, wenn wir ein anderes Ergebnis bekommen wollen). Also: *Trial and Error,* Versuch und Irrtum.

Stell dir vor, du hättest schon als Krabbelkind versucht, auf keinen Fall Fehler zu machen. Wie hättest du dann das Gehen gelernt oder das Sprechen? Kinder probieren und probieren und geben nicht auf. Kein Kind zählt, wie oft es hinfällt. Deshalb verläuft die Entwicklung bei Kleinkindern auch so rasend schnell: Sie machen einen Fehler nach dem anderen, lernen daraus und entwickeln sich weiter. In dem Alter machen sie sich noch keine Gedanken darüber, wie doof es aussieht, wenn sie auf den Hintern plumpsen, oder was andere über sie denken.

Später allerdings lernen wir, wie „man“ mit Fehlern umgeht. Großen Einfluss darauf hat, wie unsere Eltern auf Fehler reagieren. Wenn wir für Fehler kritisiert oder getadelt werden, wenn wir Ablehnung erfahren oder gar bestraft werden, lernen wir daraus, dass Fehler schlecht sind. Wir werden uns dann irgendwann für Fehler selbst verurteilen. Und wir werden nicht die Verantwortung für unsere Fehler übernehmen, sondern Entschuldigungen oder Ausreden suchen und unsere Fehler vielleicht sogar anderen in die Schuhe schieben.

Wer ständig damit beschäftigt ist, Fehler abzuwehren, kleinzureden, Entschuldigungen zu suchen, nimmt sich die Möglichkeit, aus seinen Fehlern zu lernen.

Und er bzw. sie macht sich das Leben unnötig schwer. Denn Fehler lassen sich schlicht und einfach nicht vermeiden. Wenn du um jeden Preis Fehler vermeiden willst, darfst du dich im Grunde nicht mehr bewegen – denn schon wenn du dich nur umdrehst, könntest du etwas umstoßen, das hinter dir steht. Deshalb gehen viele auch möglichst kein Risiko ein, bleiben in ihrer Komfortzone – und entwickeln sich so auch nicht weiter.

Entwicklung geht nicht ohne Versuch und Irrtum. Ganz egal, in welchem Bereich wir uns bewegen.

Das gilt besonders in unserer Zeit: Ob im Beruf, in Gesellschaft anderer oder auch im Privaten betreten wir ja ständig Neuland. Wir können oft gar nicht wissen, was richtig oder falsch ist. Das finden wir manchmal erst heraus, wenn wir aktiv werden – und dann merken: „O. k., so funktioniert das nicht." Dazu hilft es (mir zumindest), das Tun als Experiment zu begreifen. Bei einem Experiment weiß ich vorher nicht sicher, was das Ergebnis sein wird. Das Experiment bringt möglicherweise nicht das erwünschte Ergebnis – das ist eine wichtige Erkenntnis (und kein Fehler).

Mir ist bewusst, dass Perfektionist*innen kaum etwas so sehr fürchten wie Fehler, denn für Fehler könnten sie kritisiert werden. Nur: Wie wäre es, wenn du eine neue, eine entspanntere Einstellung zu Fehlern entwickeln könntest? Nur mal angenommen …

Gute Gründe, (mehr) Fehler zu machen

- **Du entwickelst dich weiter:** Wenn du alles tust, um Fehler zu vermeiden, dann wirst du zwangsläufig immer die gleichen Wege gehen – die kennst du, da weißt du, dass du nichts falsch machst. Damit nimmst du dir die Chance, etwas dazuzulernen, dich weiterzuentwickeln.
- **Du lernst, dass du weniger Angst vor Fehlern haben musst:** Natürlich kann es passieren, dass ein Fehler gravierende Folgen hat. Aber die allermeisten Fehler ziehen keine katastrophalen Konsequenzen nach sich. Auch wenn es komisch klingt: Wenn du viele Fehler machst, wirst du merken, dass die wenigsten wirklich schlimm sind.
- **Du wirst mehr zustande bringen:** Dass das Streben nach Perfektion eher bremst, weißt du. Schließlich dauert es, bis man ins Tun kommt, und man muss alles

mehrmals prüfen. Wenn du akzeptierst, dass es Fehler geben kann und dass Perfektion oft gar nicht notwendig ist, dann kannst du dich auf das Wesentliche konzentrieren und deine Aufgaben schneller erledigen, ohne schlampig zu sein.

- **Du wirst sicherer im Leben stehen:** Wenn du Fehler machst und dazu stehen kannst (statt den Fehler abzustreiten, dich zu rechtfertigen oder die Verantwortung abzuschieben), stehst du mehr zu dir selbst. Du wirst erleben, dass dich Fehler und Rückschläge nicht umwerfen. Dass die Welt nicht untergeht – und dass du dich vor Fehlern nicht fürchten musst.

Fallbeispiel 8: der Koch, der Fehler liebt

In einem Interview, das Redakteure des Süddeutsche Zeitung Magazins *im Herbst 2017 mit dem Sterne-Koch Alain Passard führten, sagte dieser:*

> *„Wir [gemeint: in unserem Restaurant] suchen Fehler. ... um uns korrigieren zu können. Ein Koch, der sich nicht mehr korrigiert, verliert seine Magie.* ***Ich liebe es, Fehler zu machen. Es gibt keinen anderen Weg, um seine Kunst weiterzuentwickeln. Wenn alles perfekt ist, gibt es keinen Fortschritt,*** *man verharrt im Status quo und ist dann auch ganz schnell gelangweilt."*
>
> (Gerlach & Reichardt 2017; Hervorhebung durch den Autor)

Sterne-Köche haben angeblich vor nichts so viel Angst wie davor, ihre Sterne zu verlieren. Zum Hintergrund: Die Sterne, die der Hotel- und Restaurantführer Guide Michelin jedes Jahr als Bewertung von Restaurants vergibt, gelten als höchste Auszeichnung für den Chefkoch, die Chefköchin und die Küche.

Wenn nun ein Sterne-Koch lieber Fehler macht, um nicht im Status quo zu verharren, und damit seine Sterne riskiert, dann könntest du doch auch mal – nur als Experiment – ausprobieren, wie es ist, Fehler zu machen. Selbstverständlich nicht in einem Bereich, in dem es um Leben und Tod geht oder von dem deine Beziehung, dein Job oder etwas anderes Wichtiges abhängt.

ÜBUNG 4.10

Lustvoll Fehler machen

1. Suche dir ein Vorhaben, das in den nächsten Tagen ansteht und von dem nichts Lebenswichtiges abhängt.
2. Nimm dir einen Zettel und notiere, worin das Vorhaben besteht, was das Ergebnis sein soll und welche Schritte dazu nötig sind.
3. Nun überlege für jeden dieser Schritte, was du falsch machen könntest.

4. Suche dir zwei Schritte heraus, bei denen du etwas falsch machen könntest. Notiere dir, welche Fehler du hier absichtlich machen könntest.
5. Male dir für jeden dieser Fehler in Gedanken aus, was dann passieren könnte.
6. Mache eine kurze Pause, hole dir etwas zu trinken oder gehe eine Runde spazieren.
7. Die Konsequenzen, die du dir in Schritt 5 ausgemalt hast, waren wahrscheinlich eher negative. Jetzt überlege dir, für wen die Fehler positive Folgen haben könnten. Notiere, wer von den Fehlern profitiert und wie. Das dürfen auch lustige und an den Haaren herbeigezogene Konsequenzen sein.

Ein Beispiel: *„Wenn ich ausrutsche und mir die Hose zerreiße, dann freut sich meine Freundin, weil ich dann endlich die abgewetzte Cordhose wegwerfe.“*

ÜBUNG 4.11

Jetzt wird's ernst

Ich empfehle, diese letzte Übung in der Lektion nicht gleich im Anschluss an die Übung 4.10 zu machen, sondern frühestens ein, zwei Stunden später.

Wichtiger Hinweis:
Sinn und Zweck der Übung ist, genau wahrzunehmen, was in dir vorgeht, wenn du vor der Entscheidung stehst. „Augen zu und durch“ – diese Taktik bringt bei dieser Übung nichts.

1. Jetzt nimm dir einen der beiden Fehler vor, die du in der vorherigen Übung ausgesucht hast.
2. Du wirst den Fehler jetzt gleich bewusst machen. Spannend ist der Moment der Entscheidung: Was geht in dir vor, wenn du dich in die Situation hineinversetzt, es jetzt gleich zu tun? Versuche das möglichst in Zeitlupe zu erleben. Was geht in deinem Körper vor? Was geht in deinem Kopf vor?
3. Notiere ganz genau, welche Gefühle und Gedanken auftauchen und was du wahrnimmst.
4. Und jetzt: Atme durch und mache den Fehler.
   Falls dir das nicht möglich ist: Nimm das wahr und lass es für heute gut sein. Wenn du magst, versuche es am nächsten Tag noch einmal – vielleicht mit einem anderen Fehler.
5. Ganz egal, ob du den Fehler tatsächlich gemacht hast oder nicht: Was geht jetzt in dir vor? Nimm das wahr und notiere alles.
6. Und welche Konsequenzen hat dein Handeln? Notiere die unmittelbaren Folgen und – falls es welche gibt – auch die langfristigen.

Lektion 5 | Einschränkende Glaubenssätze verändern

In Lektion 2 haben wir uns mit hinderlichen Denkmustern beschäftigt, die typisch für Perfektionist*innen sind. In dieser Lektion geht es um deine ganz persönlichen Überzeugungen. Und zwar die, die dir Druck machen, die derzeit noch dazu führen, dass du Kritik und Fehler fürchtest und wichtige Vorhaben aufschiebst. Diese Überzeugungen nennt man auch einschränkende Glaubenssätze. In dieser Lektion wirst du erst einmal herausfinden, welche Glaubenssätze das bei dir sind. Du wirst sie hinterfragen und dann positive Glaubenssätze entwickeln, die dir dabei helfen, entspannter zu leben und deine Vorhaben ohne Druck und ohne schlechtes Gewissen zu erreichen.

Der Fahrplan für diese Lektion

1. Was sind Glaubenssätze und warum sind sie so wichtig?
2. Welche Glaubenssätze bestimmen dein Leben?
3. Einschränkende Glaubenssätze auflösen
4. Einen bestärkenden Glaubenssatz entwickeln
5. Den neuen Glaubenssatz stärken und in deinem Leben verankern

5.1 Was sind Glaubenssätze und warum sind sie so wichtig?

Die **Überzeugungen**, die wir über uns und die Welt um uns herum haben, nennt man auch Glaubenssätze. Sie sind wie eine innere **Landkarte**, nach der wir leben. Jeder von uns hat seine ganz eigene Landkarte und sie bestimmt, wie er oder sie durch das Leben geht.

Vielleicht kennst du ja das Zitat von Henry Ford:

„Ob du denkst, du kannst es oder du kannst es nicht: Du wirst auf jeden Fall recht behalten.“

Solange ich denke, ich kann nicht tanzen, ich kann nicht singen, ich kann nicht zeichnen, werde ich Tanzen, Singen bzw. Zeichnen vermeiden – und weil mir die Übung fehlt, „kann“ ich es auch nicht so gut wie andere. Umgekehrt: Wenn ich davon überzeugt bin, ich muss mich nur genügend anstrengen, dann schaffe ich alles, dann werde ich mich in die Dinge, die ich anpacke, auch richtig reinhängen – und die Chancen, dass sie mir gelingen, sind dann weitaus höher.

Grundsätzlich unterscheidet man zwischen

- einschränkenden, hemmenden oder verneinenden Glaubenssätzen („ich kann nicht, ich darf nicht, man muss“) und
- bestärkenden, motivierenden, erlaubenden, öffnenden Glaubenssätzen („ich kann, ich darf“).

Die meisten Glaubenssätze sind uns selbst nicht bewusst oder wir nehmen sie als selbstverständlich und wahr an. Glaubenssätze haben die Wirkung von Wahrnehmungsfiltern – somit haben sie auch die Tendenz, sich selbst zu bestätigen, also zu **sich selbst erfüllenden Prophezeiungen** zu werden (siehe Henry Ford).

Glaubenssätze können sich auf unsere Umwelt, auf ein Verhalten, auf unsere Fähigkeiten, unsere Werte, unsere Identität oder unsere Zugehörigkeit beziehen. Einige Beispiele dazu findest du in Tabelle 5.1:

Umwelt:	In England regnet es ständig. Großraumbüros machen uns krank.
Verhalten:	Vor dem Essen muss man sich die Hände waschen. Eine Führungskraft geht nicht um 17 Uhr nach Hause.
Fähigkeiten:	Ich kann einfach nicht delegieren. Schreiben fällt mir total leicht. Unter Zeitdruck laufe ich zu Höchstform auf.
Werte:	Das tut man nicht. Das Wohl der Kinder sollte für Eltern jederzeit wichtiger sein als ihre eigenen Wünsche.
Identität:	Ich bin ein schwacher Mensch. Ich bin ein guter Lehrer.
Zugehörigkeit:	Wir sind eine Familie von Künstlern. Als Mann darf ich keine Schwäche zeigen.

Tabelle 5.1: Beispiele für einschränkende und bestärkende Glaubenssätze

Fallbeispiel 9: der getriebene Geschäftsführer

Als ich Alexander kennenlernte, ging er auf die 40 zu. Er war Single, sportlich fit und leitete einen gut gehenden Golfclub. Er kam zu mir, weil einer seiner Freunde ein Burnout erlitten hatte und weil er fürchtete, selbst kurz vor einem zu stehen. Im Coaching kamen wir gut voran, wir hatten schnell eine vertrauensvolle Beziehung. Alexander war ein „vorbildlicher", immer kooperativer Klient, der alles mitmachte, was ich ihm vorschlug. Und doch hatte ich ständig den Eindruck, dass wir uns nicht mit dem Punkt beschäftigten, um den es eigentlich ging. Wenn ich ihn darauf ansprach, versuchte er abzulenken oder sprach davon, dass da gerade eine „Nebelwand im Hirn" wäre (obwohl er vorher sehr klar war).

Ich schlug ihm dann vor, diese Nebelwand zu erkunden, und stellte ihm eine Reihe von Fragen. Damit kamen wir schließlich zu dem Punkt, an dem du am Ende von Übung 5.2 sein wirst: Wir hatten den einschränkenden Glaubenssatz herausgearbeitet, der sein Leben bestimmte.

Alexander sagte: „Wenn ich nicht perfekt bin, liebt mich mein Vater nicht."

Ich musste schlucken. Alexander aber redete weiter, als würden wir gerade über das Wetter sprechen. Ich unterbrach ihn und bat ihn, den Satz noch einmal auszusprechen, und zwar langsam. Und dann innezuhalten und sich Zeit zu nehmen, zu spüren, was das wirklich bedeutet.

Die Macht einschränkender Glaubenssätze

Glaubenssätze sind oft unbewusst und liegen damit außerhalb unserer Wahrnehmung. Wir haben da einen blinden Fleck und deshalb hinterfragen wir sie nicht. Oder aber sie sind für uns so selbstverständlich, dass wir sie ebenfalls nicht infrage stellen. Schließlich kennen wir es ja gar nicht anders, es ist für uns völlig normal (siehe Alexander).

Glaubenssätze beeinflussen nicht nur unsere Sicht auf uns und die Welt: Sie beeinflussen auch, wie wir uns verhalten. Stelle dir vor, wie jemand im Leben steht, der der festen Überzeugung ist: „Meine Eltern lieben mich, ganz egal, was ich tue."

Und dann stelle dir vor, wie sich jemand verhalten wird, der überzeugt davon ist (ja, es vielleicht sogar öfter gesagt bekommen hat): „Wenn ich nicht perfekt bin, liebt mich mein Vater nicht."

Kinder wollen und brauchen die Liebe ihrer Eltern, und sie tun (fast) alles, um diese Liebe zu bekommen. Viele tun das auch als Erwachsene noch, und zwar häufig, ohne dass sie sich bewusst dafür entscheiden. So wie Alexander.

Für Perfektionist*innen typische einschränkende Glaubenssätze

Hier eine Sammlung von einschränkenden Glaubenssätzen, die mir in den letzten Jahren so (oder so ähnlich formuliert) begegnet sind und die mit Perfektionismus zu tun haben:

- Ich darf keine Fehler machen, sonst merken die anderen, dass ich nicht gut genug bin.
- Ich bin noch nicht fertig (= nicht perfekt genug), um als Coachin (oder Therapeut, Yogalehrerin …) loslegen zu können. Ich brauche noch mehr Qualifikationen und muss erst noch die Heilpraktikerprüfung machen.
- Meine Website muss erst perfekt sein, bevor ich mit meinem Angebot nach außen gehen kann.
  Oder: Ich kann jetzt noch keine Vorträge halten. Erst muss meine Website fertig sein.
- Unsere Produkte müssen stets von höchster Qualität sein (Zitat eines Unternehmers, der erst auf Nachfrage fortfuhr: „… sonst geht unser Familienunternehmen pleite und meine Kinder verlieren ihr Heim").
- Das Wohl der Kinder sollte für Eltern immer an erster Stelle stehen.
- Ich muss eine perfekte Mutter sein, sonst geraten meine Kinder nicht.
- Ich bin ein schlechter Vater, wenn ich nicht wenigstens die Wochenenden komplett mit meinen Kindern verbringe.
- Ich bin nicht gut genug, ich muss mich mehr anstrengen.
- Ich kann nur unter Zeitdruck schreiben.

Die Struktur einschränkender Glaubenssätze

Negative Glaubenssätze sind häufig Aussagen über:

- Ursache-Wirkungs-Zusammenhänge
- Grenzen bzw. Möglichkeiten

Ursache-Wirkungs-Zusammenhänge oder kausale Beziehungen erkennt man an Konjunktionen wie „weil", „sonst", „andernfalls", „wenn … dann …". Beispielsweise: „Ich muss perfekt sein, sonst passiert …"

Spannenderweise wird gerade bei einschränkenden Glaubenssätzen oft der Nebensatz (der mit „weil", „sonst" etc. beginnt) weggelassen. So fehlt bei der Aussage von oben – „Ich bin nicht gut genug, ich muss mich mehr anstrengen" – die Information: Was passiert, wenn du dich nicht mehr anstrengst? Auch die Sätze „Ich darf keine Fehler machen" und „Unsere Produkte müssen stets von höchster Qualität sein" fielen im Coaching erst einmal ohne die (ja nicht ganz unwichtige) Kausalaussage („… sonst …“).

Wichtiger Hinweis: die Auslassung

Solange der Ursache-Wirkungs-Zusammenhang nicht sichtbar ist (weil die Begründung fehlt), ist es schwierig, den Glaubenssatz zu hinterfragen. Nicht selten führt im Coaching erst eine Frage wie „Was würde denn passieren, wenn ...?“ dazu, dass die Klient*innen anfangen, ihre Überzeugung nicht mehr als unverrückbare Tatsache zu sehen. Manche schütteln, wenn sie die Begründung zum ersten Mal laut aussprechen, selbst den Kopf darüber.

Andere einschränkende Glaubenssätze sind Aussagen über **Grenzen** oder **Einschränkungen**. Beispielsweise: „Ohne eiserne Disziplin erreicht man nichts im Leben.“ Häufig sind sie allerdings noch mit einem Ursache-Wirkungs-Zusammenhang verbunden, etwa: „Ich werde es nie zu etwas bringen, weil ich ständig Fehler mache.“

5.2 Welche Glaubenssätze bestimmen dein Leben?

Wahrscheinlich sind dir beim Lesen bis hierher schon einige Überzeugungen aufgefallen, die du über dich und die Welt hast. In der nächsten Übung kannst du sie und weitere genauer ansehen. In den Übungen 5.2 und 5.3 konzentrieren wir uns dann auf die einschränkenden Glaubenssätze, die dein Leben bestimmen, und zwar auf die, die mit Perfektionismus zu tun haben.

ÜBUNG 5.1

Wie du die Welt siehst

Für diese Übung empfehle ich dir zwei mögliche Vorgehensweisen (lies erst die komplette Anleitung, bevor du loslegst):

- Du bittest eine dir nahestehende Person, dir die Satzanfänge aus der Liste zu dieser Übung vorzulesen. Und du schreibst den Satz zu Ende.
  Wenn ihr mögt, könnt ihr beide diese Übung machen – so erfahrt ihr mehr über euch und die andere Person. Das kann eine spannende Erfahrung in einer Beziehung oder auch einer Freundschaft sein.
- Wenn gerade niemand da ist, um die Übung gemeinsam mit dir zu machen, schreibe die Satzanfänge untereinander auf ein Blatt Papier. Lass dabei genügend Platz für ausführliche Ergänzungen.

So, nun geht's los:

1. Ergänze die Sätze (siehe das Blatt 5.1). Möglichst schnell, möglichst ohne nachzudenken. Schreibe einfach, was dir als Erstes in den Sinn kommt – es gibt keine blöden Antworten.
2. Nun lässt du dir die Antworten von deinem Gegenüber laut vorlesen bzw. liest sie dir selbst laut vor. Lass nach jedem Satz eine Pause, sodass der Satz seine Wirkung entfalten kann.
3. Nachdem du alle Sätze gehört hast: Was ist das für ein Mensch, der das über die Welt und über sich denkt, was du gerade gehört hast? Was ist diesem Menschen wichtig? Lass dir Zeit dafür. Wenn du willst, notiere dir die Gedanken, die dir kommen – für diese Lektion ist das aber nicht wirklich nötig.
4. Vielleicht gab es ja auch den einen oder anderen Satz, der dich erstaunt hat. Der irgendwie fremd klang – so, als würde er gar nicht von dir stammen. Markiere diese Sätze. Was genau ist daran neu oder erstaunlich oder irgendwie fremd / seltsam für dich?
5. Wenn du die Übung mit jemand anderem gemacht hast: Frage ihn oder sie, welche deiner Aussagen neu oder überraschend waren.

ARBEITSBLATT zu Übung 5.1

Wie du die Welt siehst

So sehe ich die Welt
Das Leben ist
Das Wichtigste ist
Arbeit ist
Familie ist
Geld ist
Leistung ist
Ohne Fleiß
Glück ist
Zeit ist
Konflikte bedeuten
Gefühle sind
Veränderung heißt
Zukunft bedeutet
Freude ist
Schicksal ist

ÜBUNG 5.2

Was du glaubst

Diese Übung machst du am besten alleine. Sorge dafür, dass du in der nächsten halben Stunde ungestört bist und niemand zuhört oder zusieht.

Es ist wirklich wichtig, dass du hier ehrliche Antworten gibst, nichts zensierst. Nur so hast du die Möglichkeit, den Glaubenssätzen auf die Spur zu kommen, die dein Dasein bestimmen.

1. Druck dir am besten das Arbeitsblatt zu dieser Übung aus. Alternativ kannst du dir ein Blatt Papier nehmen und es wie folgt vorschreiben: Auf dem Blatt stehen fünf Zeilen mit „Ich muss" und fünf Zeilen mit „Ich darf nicht", dazwischen ist immer jeweils eine Zeile frei.
2. Im ersten Durchgang vervollständigst du ohne viel Nachdenken die fünf Sätze „Ich muss" und „Ich darf nicht". Die Zeilen dazwischen lässt du leer.
3. Wenn du genau hinschaust, siehst du, dass in meiner Vorlage am Ende der „Ich-muss"- und „Ich-darf-nicht"-Zeilen ein Komma steht. Ergänze jetzt in den leeren Zeilen jeweils einen Nebensatz, der mit „weil", „denn", „sonst" oder „andernfalls" beginnt. Auch hier gilt: Nicht lange nachdenken, schreibe das Erste hin, was dir einfällt. Wenn es dir schwerfällt: Lies dir den Satz „Ich muss ..." noch einmal laut vor und ergänze „... weil". Wenn dir da keine Ergänzung einfällt, liest du den Satz erneut und hängst „sonst" an.
4. Wenn du fertig bist: Lies dir Satz für Satz noch einmal laut vor und nimm dir viel Zeit, damit jeder einzelne Satz wirken kann.

ARBEITSBLATT zu Übung 5.2

Meine einschränkenden Glaubenssätze

Das glaube ich über mich

Ich muss ....,

Ich muss ....,

Ich muss ....,

Ich muss ....,

Ich muss ....,

Ich darf nicht ....,

Ich darf nicht ....,

Ich darf nicht ....,

Ich darf nicht ....,

Ich darf nicht ....,

Wichtiger Hinweis:

Du hast möglicherweise gerade einige Dinge über dich erfahren, die schmerzhaft sind. Es kann sein, dass dich das, was du über dich herausgefunden hast, traurig macht – oder es macht dich wütend. Beides ist völlig in Ordnung.

Und es kann sein, dass ein innerer Kritiker auftaucht, der dich dafür herunterputzt oder verurteilt. Und der ist an dieser Stelle fehl am Platz, denn du hast sehr wichtige Dinge über dich aufgedeckt. Dinge, die dir lange nicht bewusst waren. Jetzt kannst du sie dir anschauen – und etwas tun, damit du damit aufhörst. Falls eine innere Stimme auftaucht, die dich kritisiert, sag klar und deutlich zu ihr: „Stopp! Hör auf damit!"

ÜBUNG 5.3

Welche Glaubenssätze willst du loslassen?

Lass die Erkenntnisse aus Übung 5.2 erst einmal sacken. Ich empfehle dir, die Übung 5.3 erst am nächsten Tag zu machen. Auch für diese Übung solltest du ungestört sein. Rechne mit einer Stunde, vielleicht eineinhalb.

1. Nimm dir jetzt die Liste aus Übung 5.2 vor.
2. Lies dir den ersten Satz durch. Lass ihn auf dich wirken. Wie geht es dir damit?

Wichtiger Hinweis:

Falls (wieder) Selbstvorwürfe auftauchen: Lass sie gehen oder schiebe sie beiseite, wenn sie hartnäckig sind. Selbstvorwürfe lenken von dem ab, was jetzt wichtig ist: den Schmerz spüren, den Schmerz darüber, was du dir bisher angetan hast oder was andere mit dir getan haben. Schau, wie weit du den Schmerz da sein lassen und spüren kannst. Es geht nicht darum, tief in den Schmerz einzutauchen oder dich gar von ihm überschwemmen zu lassen.

Im Moment geht es nur darum, den Schmerz wahrzunehmen. Es ist nicht die Zeit für Aktionismus, für Vorsätze oder Selbstvorwürfe.

Die Atemübung aus Lektion 4 kann hilfreich sein, wenn es darum geht, den Schmerz zu spüren, darin jedoch nicht zu versinken.

3. Nimm dir nun den zweiten Satz vor und lass dir auch dafür Zeit.
4. Dann gehe auf die gleiche Weise die ganze Liste durch.
5. Wenn du willst, lege jetzt eine kurze Pause ein. Gehe spazieren oder hole dir etwas zu trinken.

6. Welche der zehn Glaubenssätze haben mit Perfektionismus zu tun?
7. Suche dir zwei oder drei der Perfektionismus-Glaubenssätze heraus, die du loslassen und durch positive Glaubenssätze ersetzen willst. Du brauchst sie für die nächsten Übungen.

5.3 Einschränkende Glaubenssätze auflösen

Auch wenn ich von „Glaubenssatz auflösen" oder „Glaubenssatz verändern" spreche: Meiner Erfahrung nach kann man einen einschränkenden Glaubenssatz nicht einfach „ausradieren". Stattdessen funktioniert Glaubenssatzarbeit so:
1. Zuerst identifizierst du einen einschränkenden Glaubenssatz.
2. Dann hinterfragst du ihn (siehe die nächste Übung) und gibst ihn ggf. an die Person zurück, von der du ihn übernommen hast.
3. Anschließend kreierst du dir einen neuen bestärkenden Glaubenssatz, indem du den alten „umschreibst".
4. Und dann bringst du den neuen Glaubenssatz in dein Leben und hegst und pflegst ihn wie ein junges Pflänzchen.

Der alte einschränkende Glaubenssatz verschwindet meist nicht auf einen Schlag. Aber du kannst ihn immer unwirksamer werden lassen. Je mehr Aufmerksamkeit und Energie du dem neuen bestärkenden Glaubenssatz schenkst, desto wirksamer wird er.

Glaubenssätze hinterfragen

Ich habe ja schon in der Einleitung verraten, dass du nicht als Perfektionist*in auf die Welt gekommen bist. Ebenso bist du auch nicht mit deinen Glaubenssätzen auf die Welt gekommen, du hast sie im Lauf deines Lebens erlernt – und du wirst dir auch im weiteren Verlauf deines Lebens noch neue Glaubenssätze aneignen.

Wie du neue, bestärkende Glaubenssätze erlernst, erfährst du noch in dieser Lektion. Jetzt beschäftigen wir uns aber erst einmal mit dem Ver-lernen von hinderlichen Glaubenssätzen.

Dazu schauen wir uns die einschränkenden Glaubenssätze an, die du in der vorhergehenden Übung identifiziert hast, und nehmen sie in der nächsten Übung genau unter die Lupe. Allein schon dadurch verlieren sie viel von ihrer Wirkung.

ÜBUNG 5.4

Glaubenssätze hinterfragen

1. Nimm dir die zwei oder drei Perfektionismus-Glaubenssätze aus der vorhergehenden Übung sowie zwei Blatt Papier und einen Stift. Wenn du einen roten Stift hast, nimm den zusätzlich.
2. Schreibe auf das erste Blatt die einschränkenden Glaubenssätze und darunter die folgenden fünf Fragen:
   Frage 1: Wo schränkt mich dieser Glaubenssatz ein?
   Frage 2: Was macht mich so sicher, dass er wirklich wahr ist?
   Frage 3: Wie verhalte ich mich, weil ich das glaube?
   Frage 4: Wer wäre ich ohne diesen Glaubenssatz?
   Frage 5: Will ich das weiterhin glauben?
3. Nimm dir deine Glaubenssätze der Reihe nach vor und beantworte für jeden davon die fünf Fragen – schreibe die Antworten auf das zweite Blatt. Es kommt nicht darauf an, die Fragen möglichst schnell oder spontan zu beantworten: Nimm dir Zeit, in dich hineinzuspüren, bevor du antwortest.
4. Mache jetzt eine kurze Pause. Trinke etwas und gehe eine Runde ums Haus.
5. Jetzt nimm dir noch einmal die Liste mit den einschränkenden Glaubenssätzen und mit den fünf Fragen. Frage dich für jeden Glaubenssatz noch einmal: „Wer wäre ich ohne diesen Glaubenssatz?“ Spüre tief in dich hinein: Wer könntest du sein? Wie könntest du sein? Was wäre möglich? Notiere die Antworten (auf der Rückseite).
6. Und jetzt spüre noch einmal in dich hinein: „Will ich das wirklich weiterhin glauben?“ Wenn nicht: Schreibe groß – und nach Möglichkeit in Rot – neben jeden Glaubenssatz ein „NEIN“.

Falls du einen der Glaubenssätze (noch) nicht loslassen willst: Das ist in Ordnung. Mach mit den anderen Glaubenssätzen weiter, die du jetzt schon loslassen kannst. Komme dann am Ende von Lektion 5 noch einmal zu dieser Übung zurück und mache sie ein zweites Mal. Wenn du den Glaubenssatz dann aufgeben kannst, gehe damit auch die restlichen Übungen aus dieser Lektion durch.

Falls du den Glaubenssatz weiterhin behalten willst: Auch das ist in Ordnung. Schau aber, dass du zumindest einen der Glaubenssätze, die mit deinem Perfektionismus zu tun haben, mit den restlichen Übungen aus dieser Lektion „bearbeitest“.

Woher kommen diese Glaubenssätze?

Wie bist du zu den einschränkenden Glaubenssätzen gekommen? Häufig übernehmen wir Glaubenssätze von anderen, typischerweise von uns nahestehenden Personen. Oder wir lernen aus dem Verhalten anderer, wie wir sein müssen, damit wir geliebt oder zumindest akzeptiert werden.

In den meisten Fällen hören wir die Glaubenssätze so oft, dass wir gar nicht auf die Idee kommen, sie infrage zu stellen. Oder unsere Bezugspersonen leben nach diesen Glaubenssätzen, sodass sie für uns „Wahrheiten" werden wie „Die Erde ist eine Kugel". In manchen Fällen reicht auch ein einzelnes Erlebnis, das mit heftigen Emotionen verbunden ist.

Und manchmal sind wir selbst die Urheber*innen eines Glaubenssatzes. Jemand, der oder die sich als Kind ständig allein oder ungeliebt fühlt, entwickelt möglicherweise von sich aus einen Glaubenssatz wie „Keiner interessiert sich für mich" oder „Ich muss alles allein schaffen".

Viele Glaubenssätze entstehen in der Kindheit oder Jugend, das sind dann meist die, die am tiefsten sitzen. Schließlich sind wir da am empfänglichsten für alles, was von außen kommt. Wir können uns aber auch als Erwachsene Glaubenssätze aneignen – unbewusst oder ganz bewusst so wie in dieser Lektion.

Doch zunächst einmal schauen wir, woher deine Glaubenssätze kommen.

Ich habe dich in der 1. Lektion schon gefragt, **für wen es perfekt sein muss** bzw. für wen *du* perfekt sein musst. Bei Alexander aus Fallbeispiel 9 (Seite 105) war die Antwort eindeutig: für seinen Vater.

Auch in anderen Fällen ist es nicht schwer. Frag dich einfach: **Wer glaubt das auch?** Oder: Wer sagt das auch? Nicht selten übernehmen wir Glaubenssätze von unseren Eltern, Großeltern, Onkeln oder Tanten. Vielleicht ist es auch eine „Familien-Wahrheit", etwas, wovon die ganze Familie überzeugt ist.

Und wieder anderen Glaubenssätzen kommst du auf die Spur, wenn du dich fragst: **Wer hat das (zu mir) gesagt?** Auch das ist typischerweise jemand aus deiner näheren Umgebung. Abgesehen von Verwandten können das auch Lehrer*innen, jemand aus dem Sportverein oder andere Personen sein, mit denen du in deiner Kindheit oder Jugend zu tun hattest.

ÜBUNG 5.5

Für wen musst du perfekt sein?

1. Gehe nun durch die Liste der zwei oder drei Glaubenssätze, die du am Ende von Übung 5.3 ausgesucht hast, und frage dich bei jedem davon:
   - Für wen muss ich perfekt sein?
   - Wer glaubt das auch?
   - Wer hat das gesagt?
2. Schreibe den Namen hinter den Glaubenssatz.

Falls dir niemand einfällt, macht das nichts – die nächste Übung kannst du auch ohne konkrete Person machen. Und vielleicht bist auch du selbst Urheber deines Glaubenssatzes.

ÜBUNG 5.6

Glaubenssatz zurückgeben

So. Nun kennst du die einschränkenden Glaubenssätze, die dich antreiben. Am Ende von Übung 5.4 hast du dich entschieden, diese Glaubenssätze loszulassen. Und du weißt inzwischen auch, von wem du sie übernommen oder gelernt hast.

Deshalb mein Vorschlag: Gib diese Glaubenssätze dorthin zurück, wo sie herkommen.

Ich empfehle dir, dir ein Ritual zu überlegen und die Glaubenssätze dann (in deiner Vorstellung, nicht in *real life*) feierlich zurückzugeben. Finde ein für dich passendes Ritual.

Hier eine Anregung, wie das aussehen könnte:

1. Schreibe jeden Glaubenssatz auf einen eigenen Zettel. Oder finde eine andere Form, wie du den Glaubenssatz sichtbar oder hörbar machen kannst (eine Zeichnung, ein Song, was auch immer dir einfällt).
2. Stelle dir die Person vor deinem geistigen Auge vor, von der der einschränkende Glaubenssatz stammt. Oder stelle ein Foto der Person vor dich hin.
   Falls du selbst der Urheber des Glaubenssatzes bist, überspringst du diesen Schritt.
3. Überreiche der Person in Gedanken den Zettel (oder was auch immer du gestaltet hast), sprich den Glaubenssatz aus und sage etwas wie: „Diesen Glaubenssatz habe ich von dir. Ich brauche ihn nicht mehr und gebe ihn dir hiermit zurück."
   Falls dir niemand eingefallen ist, dem du den Glaubenssatz zurückgeben könntest (oder falls du der Urheber bist), lies den Satz laut vor und sage etwas wie: „Ich brauche dich nicht mehr. Ich lasse dich los."
4. Zerknülle den Zettel, verbrenne ihn oder zerreiße ihn. Wirf die Überreste dann in ein Feuer, in den Abfalleimer, in die Toilette oder in einen Fluss.

Wie gesagt: Finde ein *für dich* passendes Ritual.

5.4 Einen bestärkenden Glaubenssatz entwickeln

Den einschränkenden Glaubenssatz wirst du nun durch einen neuen ersetzen, der dich bestärkt, der Energie freisetzt. Einen solchen Glaubenssatz findest du beispielsweise, indem du den einschränkenden umschreibst. Wie du den neuen Glaubenssatz dann in deinem Leben etablierst, erfährst du im Anschluss.

Hier einige Beispiele dafür, wie du einschränkende Glaubenssätze umschreiben kannst:

„Wenn ich nicht perfekt bin, liebt mich mein Vater nicht."	▪ „Ich liebe mich selbst und werde geliebt." ▪ „Ich bin liebenswert, so wie ich bin." ▪ „Ich bin unabhängig von der Meinung anderer."
„Ich darf keine Fehler machen, sonst ..."	▪ „Aus Fehlern lerne ich mehr als aus Erfolgen." ▪ „Mach so viele Fehler, wie du kannst – aus Fehlern lernt man am meisten." ▪ „Wer keine Fehler macht, riskiert, im Mittelmaß stecken zu bleiben." ▪ „Wer noch nie einen Misserfolg hatte, hat noch nie etwas Neues versucht." (Albert Einstein) ▪ „Du kannst keine Fehler machen – nur lernen."
„Wenn ich nicht 120 Prozent gebe, bin ich nicht gut genug." „Ich muss perfekt sein, sonst ..."	▪ „Ich darf so sein, wie ich bin." ▪ „Ich genüge mir selbst." ▪ „Ich bin in Ordnung genau so, wie ich bin."

Tabelle 5.2: Glaubenssätze umkehren

Tipps für bestärkende Glaubenssätze

- Fasse dich kurz. Ein Haupt- und ein Nebensatz genügen in der Regel. Du wirst dir den Satz in Zukunft öfter sagen. Verzichte deshalb auf Schachtelsätze, Bandwurmwörter oder auch Formulierungen, bei denen du ins Stocken gerätst. Der Satz sollte kurz genug sein, damit du ihn mit einem Atemzug sprechen kannst, ohne ohnmächtig zu werden.
- Verwende positive Formulierungen: Achte darauf, möglichst kein „nicht" oder andere negative Formulierungen zu verwenden. Falls dir nur Sätze mit „nicht" einfallen, frage dich, was du stattdessen willst.
  Und es kann natürlich sein, dass eine Formulierung wie „Ich muss gar nichts" genau die passende für dich ist.
- Nutze klare Formulierungen, kein „würde, möchte, könnte, vielleicht, eventuell".

ÜBUNG 5.7

Einen bestärkenden Glaubenssatz finden

Ich empfehle dir, jetzt erst einmal nur für einen der einschränkenden Glaubenssätze aus Übung 5.4 eine neue hilfreiche Überzeugung zu suchen, die du stattdessen haben möchtest. Wenn du den neuen Glaubenssatz in dein Leben integriert hast, kannst du auch für die übrigen neue finden.

1. Wähle den Glaubenssatz aus Übung 5.4 aus, der am stärksten ist bzw. dich am tiefsten trifft.
2. Was willst du stattdessen glauben? Notiere dir ruhig mehrere Alternativen (orientiere dich dabei an den Tipps aus dem vorhergehenden Abschnitt). Die Sätze müssen jetzt noch nicht perfekt ausformuliert sein.
3. Gehe jede der Alternativen durch. Lies dir jeden Satz laut vor, spüre in dich hinein: Wie fühlt es sich an? Wie wäre es, von nun an mit dieser Überzeugung durch dein Leben zu gehen?
4. Suche dir den Satz heraus, der am meisten Power hat. Lies ihn dir mehrmals laut vor. Vielleicht willst du noch daran feilen, sodass er möglichst „griffig" klingt – du willst ja nicht jedes Mal, wenn du dir später den Satz sagst, über eine schwierige Formulierung stolpern.

5.5 Den neuen Glaubenssatz stärken und in deinem Leben verankern

Auch wenn du dich entschieden hast, einen einschränkenden Glaubenssatz loszulassen, und wenn du ihn zurückgegeben oder verbrannt hast, ist er damit nicht komplett aus deinem System verschwunden.

Er wird möglicherweise in der nächsten Zeit noch einige Male auftauchen und in Konkurrenz zu dem neuen positiven Glaubenssatz treten. Deshalb ist es deine Aufgabe, den neuen Glaubenssatz so sehr zu stärken, dass der alte immer mehr an Wirkung verliert.

Alle Aufmerksamkeit für den neuen Glaubenssatz

Vielleicht kennst du ja die Geschichte von den zwei Wölfen?

***

Ein alter Indianer sitzt mit seinem Enkel am Feuer und erzählt ihm:

„In jedem von uns tobt ein Kampf zwischen zwei Wölfen.

Der eine Wolf ist böse. Er kämpft mit Ärger, Neid, Eifersucht, Angst, Sorgen, Gier, Arroganz, Selbstmitleid, Lügen, Überheblichkeit, Egoismus und Missgunst.

Der andere Wolf ist gut. Er kämpft mit Liebe, Freude, Frieden, Hoffnung, Gelassenheit, Güte, Mitgefühl, Großzügigkeit, Dankbarkeit, Vertrauen und Wahrheit."

Sein Enkel schweigt lange und fragt schließlich: „Und welcher der beiden Wölfe gewinnt den Kampf?"

Der Großvater antwortet: „Der, den du fütterst."[4]

***

Das heißt: Der Glaubenssatz, den du fütterst, wird gewinnen. Also der Glaubenssatz, dem du **mehr Aufmerksamkeit** schenkst.

Aufmerksamkeit schenkst du dem neuen Glaubenssatz, indem du ihn dir immer wieder vorsagst und dir immer wieder beweist, dass er wahr ist. Mehr dazu gleich in den folgenden Abschnitten.

Da der alte Glaubenssatz wahrscheinlich noch einige Male auftauchen wird, braucht es anfangs besondere Wachheit: Jedes Mal, wenn der alte Glaubenssatz auftaucht, unterbrichst du ihn und sagst dir den neuen bestätigenden Glaubenssatz. Wenn du dich etwa bei dem Gedanken ertappst „Ich darf keine Fehler machen", dann sage dir innerlich beispielsweise: „Stopp! Ich darf Fehler machen, denn aus Fehlern lerne ich."

Halte dir vor Augen, dass das **ein alter Glaubenssatz** ist, einer, der dich einschränkt, der dir Druck macht. Und dass du jetzt etwas anderes glaubst. Und dann wiederholst du den neuen Glaubenssatz.

Wiederholung, Wiederholung, Wiederholung

Wie beim Vokabellernen braucht es auch beim Erlernen eines neuen Glaubenssatzes Wiederholung. Es wird einige Zeit dauern, bis du den neuen Glaubenssatz so weit

---

4 Die Geschichte kursiert in vielen unterschiedlichen Varianten, es ist mir nicht gelungen, die ursprüngliche Quelle zu ermitteln.

verinnerlicht hast, dass der alte verschwindet und der neue dir in Fleisch und Blut übergegangen ist.

Hier einige Tipps, wie du den neuen Glaubenssatz in dir verankerst:

- Schreibe dir den Glaubenssatz auf Karteikarten. Hab immer eine dabei und lies dir den Glaubenssatz mehrmals am Tag laut vor. Damit du täglich daran denkst, verknüpfe das mit Routinetätigkeiten, beispielsweise nach dem Aufwachen und vor dem Einschlafen oder beim Kaffee- oder Teekochen am Morgen oder beim Zähneputzen.
- Du kannst dir den neuen Glaubenssatz auch wie ein Mantra beim Spazierengehen, beim Weg zur Arbeit, beim Kochen und anderen Tätigkeiten immer wieder sagen – laut oder leise.
- Vielleicht schreibst du ihn auch auf Post-it-Zettel, die du in der Wohnung verteilst. Oder du schreibst ihn auf einen Zettel und nutzt den als Lesezeichen in dem Buch, das du liest. Lies die Botschaft auf den Post-it-Zetteln jedes Mal bewusst.
- Du fertigst eine Zeichnung oder eine Collage an, die den Glaubenssatz enthält oder dich daran erinnert.
- Du dichtest einen Song um.
- Lass dir ruhig mehrere Möglichkeiten einfallen, wie du dich immer wieder an den neuen Glaubenssatz erinnerst. Das dürfen gern auch witzige Ideen sein. Je mehr Emotion beteiligt ist, desto stärker ist die Wirkung.

Und wie lange dauert's?

Je nachdem, welche Verhaltensforscher*innen du fragst, lautet die Antwort, dass es zwischen 21 und 66 Tagen dauert, bis wir alte Gewohnheiten ablegen und neue Verhaltensweisen verinnerlichen. Bei Glaubenssätzen ist das nicht anders. Ich empfehle dir, einige der Vorschläge aus der Liste für mindestens einen Monat am besten täglich zu praktizieren.

Den neuen Glaubenssatz bestätigen

Glaubenssätze verfestigen sich auch dadurch, dass du in deinem Leben und in deinem Umfeld immer wieder Belege dafür findest, dass sie wahr sind. Suche daher in deinem Leben nach Bestätigung für den neuen Glaubenssatz. Wenn dein neuer Glaubenssatz beispielsweise lautet „Ich bin liebenswert so, wie ich bin“, dann halte Ausschau nach Hinweisen darauf, dass dich andere liebenswert finden. Wenn der Glaubenssatz lautet „Aus Fehlern lerne ich“, dann suche in deiner Vergangenheit nach Beispielen dafür, dass du aus Fehlern gelernt hast – und achte auch in Zukunft darauf, was du aus neuen Fehlern lernen kannst (statt dich für die Fehler zu verurteilen).

Lektion 6 | Ein Selbstbild entwickeln, das auf Wachstum ausgerichtet ist

In der vorhergehenden Lektion haben wir uns mit einschränkenden und bestärkenden Glaubenssätzen beschäftigt. In dieser Lektion gehen wir noch näher an den Kern deiner Persönlichkeit und sehen uns das Bild an, das du von dir selbst hast.

Perfektionismus hat viel mit unseren Werten zu tun und mit unserem Selbstbild. Perfektionist*innen ist es wichtig, alles richtig bzw. keine Fehler zu machen. Sie ziehen häufig ihren Selbstwert daraus, dass ihnen Perfektionismus über alles geht. Und sie sehen sich selbst als Perfektionist*innen und handeln entsprechend. Doch das schränkt auf verschiedene Weisen ein.

Ziel der Lektion ist es, dass du am Ende ein Selbstbild von dir entwickelt hast, das Wachstum ermöglicht und mit dem du dein volles Potenzial ausschöpfen kannst.

Außerdem wirst du am Ende in der Lage sein, die Fragen zu beantworten: **Wer bist du, wenn du nicht perfekt bist? Wenn du nicht perfekt sein musst?**

Der Fahrplan für diese Lektion

1. Dein Selbstbild bestimmt dein Handeln – und umgekehrt
2. Wie du dich für Lernen und Wachstum öffnest?
3. Wer bist du, wenn du nicht perfekt bist?

6.1 Dein Selbstbild bestimmt dein Handeln – und umgekehrt

Unser Selbstbild beeinflusst unser Handeln: Wer sich selbst für schüchtern hält, wird eher nicht wie ein Draufgänger auf Menschen zugehen. Wer sich für eine sichere Autofahrerin hält, wird eher ruhig und bedacht im Verkehr unterwegs sein und nicht hektisch die Spur wechseln. Wer überzeugt ist „Mir fällt immer was ein“ oder „Ich bin ein Macher“, wird eher neue Dinge anpacken als jemand, der oder die sich für unkreativ hält.

Umgekehrt funktioniert das aber auch: Unser Handeln beeinflusst, wie wir uns selbst sehen und wer wir sind. Wer beim Tennisspielen immer wieder gewinnt, wird irgendwann zur Überzeugung kommen, eine gute Tennisspielerin zu sein. Sie wird lieber und öfter spielen – und sich dadurch auch weiter verbessern. Und sie wird feststellen: Wenn ich übe, verbessert sich mein Spiel. Das wird sie zu weiterem Üben und Trainieren motivieren. Sie wird das Bild von sich entwickeln: Ich bin eine gute Tennisspielerin und ich kann noch besser werden.

Und wenn wir durch unser Handeln Einfluss nehmen können auf unser Selbstbild, dann haben wir damit den Schlüssel für ein Leben in der Hand, das wir nach unseren Wünschen und Bedürfnissen gestalten können.

6.1.1 *Dein Selbstbild: starr oder auf Wachstum ausgerichtet?*

Die Psychologin Carol Dweck hat in ihrem Buch *Selbstbild: Wie unser Denken Erfolge oder Niederlagen bewirkt* (Dweck 2017) (im Englischen *Mindset: The New Psychology of Success*) zwei Grundeinstellungen beschrieben, die das Leben von Menschen bestimmen: das statische Selbstbild *(Fixed Mindset)* und das dynamische Selbstbild (*Growth Mindset* – frei übersetzt: „auf Wachstum ausgerichtete Lebenseinstellung“).

Zwei Anmerkungen:

Die Unterscheidung, die Carol Dweck trifft, und die Beschreibung der beiden Mindsets finde ich nachvollziehbar. Ich vermisse in ihrem Buch, auch in der 2017 überarbeiteten Fassung, praktische Anleitungen, wie man von einem Fixed zu einem Growth Mindset kommt. Die Übungen weiter unten habe ich deshalb selbst entwickelt.

Die deutsche Übersetzung „statisches bzw. dynamisches Selbstbild“ überzeugt mich nicht. Ich verwende deshalb lieber die englischen Begriffe oder „starr“ vs. „wachstumsorientiert / auf Wachstum ausgerichtet“.

Menschen mit starrem Selbstbild gehen davon aus, dass ihre Fähigkeiten mehr oder weniger in Stein gemeißelt sind: Ich kann schreiben – oder ich kann es nicht; ich bin gut in Mathe – oder eben ein Matheversager; ich bin ein empathischer Mensch – oder ich tue mich schwer mit Menschen und diesem Gefühlsdings.

Menschen mit wachstumsorientiertem Selbstbild dagegen sind davon überzeugt, dass sie ihre Fähigkeiten – in so gut wie jedem Bereich – verbessern können: durch Üben, durch Ausprobieren, durch Experimentieren. Neue Aufgaben sehen sie als Herausforderung, an denen sie wachsen können. Wenn es nicht klappt, dann halt beim nächsten Versuch. Sie lassen sich von Fehlschlägen nicht entmutigen, denn in ihren Augen scheitern sie nicht: Sie lernen dazu.

Für Menschen mit starrem Selbstbild sind Fehlschläge Beleg dafür, dass sie in diesem Bereich nicht gut genug oder gar Versager sind. Ein auf Wachstum ausgerichteter Mensch sieht Fehlschläge als Feedback, oft sogar als Ansporn („O. k., das muss ich also anders machen" oder „Wie könnte das gehen?"). Für jemanden mit Fixed Mindset dagegen ist ein Fehlschlag wie ein Urteil, an dem es nichts zu rütteln gibt („Ich kann's einfach nicht!" oder „Dafür bin ich nicht geschaffen").

Menschen mit Fixed Mindset gehen davon aus, dass Intelligenz, kreative Fähigkeiten, ja sogar Charakterzüge etwas Gegebenes sind. Erfolg ist eine Bestätigung beispielsweise ihrer angeborenen Intelligenz oder einer Begabung. Sie suchen immer wieder nach einer Bestätigung und vermeiden Situationen, in denen sie scheitern könnten – denn das würde ja die Begabung oder Intelligenz infrage stellen. Das kann sogar so weit gehen, dass sie Fehlschläge oder Defizite (etwas, was sie nicht können) bewusst verbergen. Denn für sie ist jedes Nichtkönnen gleichbedeutend mit „Ich bin eine Niete!".

Fallbeispiel 10: die Romanautorin, die ihr Selbstvertrauen verloren hat

Sarah hatte schon als Jugendliche angefangen, Geschichten zu schreiben. Ihre Familie und die Freunde waren begeistert, lobten sie („Wie du das immer machst. Ich könnte das nicht. Du bist die geborene Schriftstellerin. Du hast Talent"). So entwickelte sich in ihr die Überzeugung: „Ich bin eine gute Schriftstellerin. Ich kann schreiben. Schreiben ist meins."

Nach dem Abitur begann sie, Germanistik zu studieren, etwas anderes kam für sie gar nicht infrage. Und dabei lernte sie andere „geborene Schriftsteller" kennen, sie war plötzlich nicht mehr die Einzige in ihrem Umfeld, die Schreibtalent hatte. Das erschütterte ihr Selbstverständnis als „geborene Schriftstellerin". Sie schloss sich einer Schreibgruppe an, in der einige nicht besonders achtsam mit dem umgingen, was die anderen geschrieben hatten. Nachdem drei eigene Geschichten, die sie vorgelesen hatte, heftig kritisiert worden waren, ging Sarah zwar noch weiter zu der Gruppe, las aber nichts mehr vor. Die Kritik war zu schmerzhaft gewesen, Sarah stellte ihr Talent komplett infrage.

Über einen Freund hatte sie vor den schmerzlichen Erlebnissen Kontakt zu einem Literaturagenten bekommen. Dem hatte sie zwei Kapitel des Romans gezeigt, den sie begonnen hatte. Der Agent war interessiert und sagte, sie sollte ihm den ersten Entwurf schicken, wenn er fertig sei. Das war nun zwei Jahre her, sie hatte seither niemandem mehr gezeigt, woran sie schrieb. Im letzten halben Jahr hatte sie überhaupt nicht mehr an dem Roman gearbeitet. Freunde und Mitglieder aus der Schreibgruppe, die gefragt hatten, ob sie weitere Teile lesen dürften, hatte sie vertröstet, ebenso den Agenten, der nachgefragt hatte.

Zu mir war sie gekommen, weil sie auch im Studium immer größere Schwierigkeiten hatte, schriftliche Arbeiten fertigzustellen und abzugeben. Nach einigen Stunden waren wir an dem Punkt, an dem sie ihr Problem so zusammenfasste: „Ich beschäftige mich ständig im Kopf mit dem Thema. Ich wälze mögliche Formulierungen im Kopf hin und her. Aber ich bringe nichts aufs Papier. Ich habe Angst, dass die anderen merken, dass ich gar nicht schreiben kann. Dass ich nur so tue."

Auf Nachfrage ergänzte sie: „Außerdem habe ich Angst, wenn ich etwas aufschreibe und das schwarz auf weiß auf dem Papier steht, dass ich dann selbst sehe, dass ich nicht schreiben kann."

Was hat das mit Perfektionismus zu tun?

Sarahs Beispiel zeigt, was Perfektionismus mit einem Fixed Mindset zu tun hat:

- Jemand mit starrem Selbstbild neigt stark zu **Schwarz-Weiß-Denken**: Ich kann schreiben – oder ich kann's eben nicht. Ich habe Talent oder ich habe keines.
- Dass man Schreiben auch lernen und darin besser werden kann, weiß Sarah natürlich. Theoretisch. Aber es hat keine praktischen Konsequenzen für sie. Sie schreibt keinen Entwurf und überarbeitet den dann – sie erwartet von sich, dass ihr gleich beim ersten Mal **„der perfekte Wurf"** gelingt. Und das ist noch unwahrscheinlicher als ein Sechser im Lotto. Selbst wenn es einem einmal gelingen sollte, aus purem Zufall, wäre es doch nicht reproduzierbar.
- Auch das **Hochstapler-Phänomen** ist bei Menschen mit starrem Selbstbild weitverbreitet. Sarah hat es so formuliert: „Ich habe Angst, dass die anderen merken, dass ich gar nicht schreiben kann."

- Menschen mit starrem Selbstbild neigen dazu, Fehlschläge oder Defizite (etwas, was sie tatsächlich oder vermeintlich nicht können) zu verbergen. Das führt sehr häufig zum **Aufschieben** – so, wie Sarah nicht mehr weiterschreibt und andere vertröstet. Nicht selten ist das verbunden mit Lügen („Ich sitze dran, bin fast fertig. Ich zeige es dir, sobald ich fertig bin" – obwohl man noch gar nicht angefangen hat).
- Der letzte Punkt steckt nicht in dem Fallbeispiel: Das Growth Mindset ist (wie der Name schon sagt) auf **Wachstum** ausgerichtet. Wachstum, im Sinne von Dazulernenkönnen, ist letztlich unendlich, es gibt immer noch etwas, was man lernen kann. Perfektion dagegen ist die Illusion, dass so etwas wie Perfektheit erreichbar ist – und damit wäre es vorbei mit dem Wachstum, denn mehr als perfekt geht nicht. Perfektionismus würde letztlich also zu **Stagnation** führen.

6.1.2 Ein Selbstbild entwickeln, das Raum für Wachstum schafft

Wie schon bei den Glaubenssätzen gilt: Dein Selbstbild ist nicht genetisch bedingt, sondern erlernt, du hast es dir im Lauf deines Lebens angeeignet. Es ist stark beeinflusst durch die Erfahrungen, die du mit anderen Menschen gemacht hast, insbesondere mit den Bezugspersonen der ersten Jahre. Und du hast es unbewusst auch immer wieder angepasst. Vielleicht warst du in jungen Jahren besonders sportlich oder auch abenteuerlustig und hast mit den Jahren die Lust auf Abenteuer verloren oder machst schon lange keinen Sport mehr.

Was genetisch bedingt ist: In den ersten Lebensmonaten und -jahren sind wir sehr stark auf Lernen und Wachstum gepolt. Manche von uns bleiben das ihr Leben lang und manche verlieren die Freude am Lernen und Wachsen oder entwickeln ein eher starres Selbstbild.

Umgekehrt kannst du von einem Fixed Mindset aber auch wieder zu einem Growth Mindset kommen – und das ist ein Ziel dieser Lektion.

Vieles von dem, was du dazu brauchst, hast du schon in dir. Menschen haben nach meiner Erfahrung nämlich nicht grundsätzlich in allen Lebensbereichen ein starres bzw. ein auf Wachstum ausgerichtetes Weltbild. Man kann durchaus in einigen Bereichen, etwa in denen, die mit dem Beruf zu tun haben, mit Fixed Mindset unterwegs sein und im Privaten Lust auf Lernen, auf Neues haben und sich da auch von Fehlschlägen nicht irritieren lassen.

Diese Orientierung auf Wachsen und Lernen kannst du auf die Bereiche deines Lebens übertragen, in denen du bisher Wachstum nicht für möglich gehalten hast.

ÜBUNG 6.1

Von dir selbst lernen

1. Drucke dir die beiden Arbeitsblätter zu dieser Übung aus (im Folgenden sind beide Arbeitsblätter zu einem zusammengefasst worden; online findest du stattdessen Arbeitsblatt 6.1 a und 6.1 b) und notiere für jeden der nächsten Schritte die Antworten. Lass dir dabei Zeit, gib dich insbesondere bei den nächsten drei Schritten nicht mit den ersten zwei Antworten zufrieden.
2. In welchen Bereichen deines Lebens lernst du noch hinzu? Wo macht es dir Freude, zu lernen und dich weiterzuentwickeln?
3. Was genau ist es, was dir dabei Freude macht, was dir Befriedigung bringt?
4. Was ist die tiefere Motivation, die hinter dem Lernen- und Wachsenwollen steckt?
5. Wie gehst du beim Lernen und Wachsen vor? Was tust du?
6. Wie kannst du das auf die übrigen Bereiche in deinem Leben übertragen?
7. Suche dir einen Bereich in deinem Leben, in dem du in Zukunft etwas lernen willst, wo du wachsen willst.
8. Was konkret wirst du da tun? Wann, wie und wo? Vielleicht auch: Mit wem?

ARBEITSBLATT zu Übung 6.1

Growth Mindset – von mir selbst lernen

In diesen Bereichen lerne ich gerne:
Das bringt mir dabei Freude / Befriedigung:
Meine Motivation ist
So gehe ich beim Lernen / Weiterentwickeln vor:
Konkret: In diesem Bereich / diesen Bereichen will ich mich weiterentwickeln:
Das werde ich tun:
Wann, wo, mit wem?
Wie?

ÜBUNG 6.2

Von anderen lernen

1. Drucke dir die beiden Arbeitsblätter zu dieser Übung aus (im Folgenden sind sie wieder zu einem Arbeitsblatt zusammengefasst) und nimm einen Stift sowie einen Marker oder einen andersfarbigen Stift zur Hand.
2. Wen kennst du, der oder die in einem oder mehreren Bereichen sehr stark auf Lernen und Wachstum ausgerichtet ist?
   Falls du niemanden persönlich kennst: Welche öffentliche Person kennst du, auf die das zutrifft? Oder: Welche Figur aus einem Buch oder Film ist auf Lernen und Wachstum ausgerichtet?
3. Notiere dir für jede dieser Personen: Wie handelt sie?
4. Was muss die Person über sich und die Welt glauben, um so handeln zu können?
5. Was denkst du: Was muss dieser Person wichtig sein?
6. Gehe die Punkte aus Schritt 3 bis 5 noch einmal durch und markiere farbig alle Verhaltensweisen, Werte und Überzeugungen, die du für dich übernehmen willst.
7. In welchen Situationen kannst du diese Verhaltensweisen, Werte und Überzeugungen selbst nutzen? Und auf welche Weise? Versuche, so konkret wie nur möglich zu antworten.

ARBEITSBLATT zu Übung 6.2

Von anderen lernen

Wer eignet sich gut als Vorbild für Lernen und Wachsen?

Für jedes dieser Vorbilder: Wie verhält sich diese Person?

Was ist dieser Person wichtig?

Was muss sie über sich glauben, um so handeln zu können?

Wo, wann und wie kannst du diese Verhaltensweisen, Werte bzw. Überzeugungen für dich nutzen?

Die Kraft eines kleinen Wörtchens

Mit einem kleinen Wort kannst du die Bedeutung dessen, was du über dich sagst, entscheidend verändern. Vergleiche doch mal die beiden Sätze:

- Ich kann nicht segeln.
- Ich kann *noch* nicht segeln.

In beiden Fällen ist die Person, die das sagt, nicht in der Lage zu segeln. Beispielsweise, weil sie das Segeln nicht gelernt hat oder weil sie kein Boot hat oder vielleicht auch, weil sie Angst hat, auf ein Segelboot zu steigen. Beim Satz mit „noch (nicht)" schwingt jedoch eine Möglichkeit mit: Ich könnte Segeln lernen; ich könnte mir ein Boot mieten; ich könnte lernen, mit meiner Angst vor dem Wasser umzugehen. Und in dem „noch" steckt noch mehr: „Ich kann's noch nicht. Noch nicht. Aber ich werde …"

Mit dem Wort „noch" kannst du eine Unmöglichkeit, ein Nichtkönnen oder ein Nichtwollen in eine Möglichkeit verwandeln. Und du machst Wachstum, Weiterentwicklung zumindest denkbar, wenn nicht sogar machbar.

„Noch" hat auch in Aussagen ohne ein „nicht" eine vergleichbare Wirkung: Wenn du etwas über dich sagst oder denkst, was dir selbst nicht gefällt und / oder was du verändern möchtest. Zwei Beispiele:

- Ich will zu viel auf einmal. → Im Moment will ich noch zu viel auf einmal.
- Ich bin eben so. → Im Moment verhalte ich mich noch so.

Merkst du, welchen Unterschied es macht? Wer „Ich bin eben so" sagt, hat sich damit abgefunden, „so" zu sein, hat (sich) letztlich schon aufgegeben. Im Satz „Im Moment verhalte ich mich noch so …" steckt gleich zweimal Veränderungspotenzial: Zum einen im „im Moment noch", zum anderen in „verhalten" – Verhalten kann ich leichter und schneller verändern als mein Selbstbild: Ich muss einfach nur aufstehen und es tun.

„Noch" eröffnet eine zeitliche Perspektive: Im Augenblick geht etwas nicht. Aber in der Zukunft besteht die Möglichkeit. Vielleicht gibt es sogar schon den Entschluss oder gar einen Plan, wie es möglich werden kann.

Das Wort „noch" kann nicht nur in Bezug auf dich transformative Wirkung haben: Wenn dein Kind über der Mathehausaufgabe verzweifelt und stöhnt „Das kann ich nicht!", könntest du antworten: „Ja, im Moment nicht. Noch nicht." Auch Mitarbeiter*innen oder Freund*innen lassen sich mit dem Zauberwort aus einer resignativen, statischen Haltung locken.

ÜBUNG 6.3

Das Wort „noch" in den täglichen Gebrauch aufnehmen

1. Probiere es aus: Wenn du „ich kann nicht/ich darf nicht" sagst oder denkst, hänge ein „noch nicht" hinten dran. Gern nach einer kurzen Pause, dann bekommt das „noch nicht" besonderen Nachdruck.
   Und wenn du über etwas sprichst, was du – eigentlich – nicht mehr tun willst, hänge ein „noch" an.
2. Dann spüre nach, was das in dir auslöst. Und schaue, was es bei den Personen auslöst, mit denen du gerade sprichst.
3. Wiederhole das ruhig mehrmals am Tag.

Du wirst sehen: Mit der Zeit wird dir das „noch" und das dazugehörige Denken in Fleisch und Blut übergegangen sein. Das „noch" ist übrigens hoch ansteckend, schon bald wird auch dein Umfeld öfter ein „noch" einflechten.

Die Erwartung, die du mit dem „noch" weckst, wird dir dabei helfen, nicht nur „noch" zu sagen, sondern auch aktiv zu werden.

6.2 Wie du dich für Lernen und Wachstum öffnest

Entscheidend für Lernen und Wachstum ist die Einstellung, die du dazu hast und mit der du an alles herangehst, was du tust. In den vorhergehenden Übungen hast du dich schon damit beschäftigt, jetzt vertiefen wir das.

Der Romanautor Kurt Vonnegut hat Schüler*innen der Xavier High School, die ihn an ihre Schule eingeladen hatten, in einem Brief den wunderbaren Rat gegeben:

> „Praktiziert irgendeine Art von Kunst, Musik, Singen, Tanzen, Schauspielern, Zeichnen, Malen, Bildhauen, Dichten, fiktives Schreiben, Essays, Reportage, ganz gleich, wie gut oder schlecht, nicht für Geld und Ruhm, sondern um das **Werden** zu erfahren, um herauszufinden, was in Euch steckt, **damit Eure Seele wächst**."
>
> (Vonnegut, Übersetzung durch den Autor, Hervorhebung durch Kurt Vonnegut).

Vonnegut spricht davon, das **Werden** zu erfahren. Er spricht nicht von **Sein**.

In anderen Worten: Konzentriere dich auf den Prozess, nicht auf deine Eigenschaften oder Identität. Prozess heißt: das, was du tust/getan hast – denn das kannst du beim nächsten Mal wiederholen, wenn es gut gelaufen ist, bzw. ändern, wenn es nicht funktioniert hat.

Ich werde dich gleich fragen, was es für dich bedeutet, eine Lernende, ein Lernender zu sein und zu wachsen. Für mich bedeutet es:

- Ich gebe mir die Erlaubnis, zu suchen, auszuprobieren, zu beobachten, Dinge infrage zu stellen, Grenzen zu erforschen und zu überschreiten.
- Diese Einstellung ermöglicht mir, in meinem Tempo das aufzunehmen, was mich interessiert. Und das, was mich – im Moment – nicht interessiert, links liegen zu lassen.
- Ich gebe mir die Erlaubnis, nicht alles wissen und können zu müssen. Auch auf Gebieten, auf denen ich mich gut auskenne, darf ich Lücken haben, etwas nicht wissen und vielleicht auch falschliegen. Noch :-)
- Ich darf Fehler machen, will dann aber auch etwas daraus lernen. Und ich achte darauf, den Fehler nicht noch einmal zu machen.
- Und ich bin nachsichtig mit mir, wenn ich einmal zurück in das Fixed Mindset falle.

ÜBUNG 6.4

Ein Growth Mindset entwickeln

1. Wenn du Lust hast, wirst du gleich eine Runde spazieren gehen und dich mit der für dich passenden Einstellung zu Wachsen und Lernen beschäftigen. Mein Tipp: Nimm dir etwas zu schreiben oder einen Sprachrekorder mit (zum Beispiel ein Smartphone mit Diktier-App), damit du wichtige Gedanken festhalten kannst.
2. Gehe nun spazieren mit der Frage: Was bedeutet es für mich, eine Lernende, ein Lernender zu sein? Was bedeutet es für mich, wenn ich wachse?
3. Wenn du zurückkommst: Nimm dir ein Blatt Papier und notiere dir alles, was dir wichtig ist, sofern du das nicht schon unterwegs getan hast.
4. Lies dir deine Notizen durch. Wie verhält sich eine Person, der das Lernen derart wichtig ist? Notiere dir das.
5. Fahre nun gleich oder nach Möglichkeit sehr bald mit der nächsten Übung fort.

ÜBUNG 6.5

Drei kleine Dinge lernen

1. Überlege dir drei kleine Dinge (keine Monsterprojekte), die du gerne lernen möchtest.
2. Von wem könntest du das lernen?
3. Ist jetzt der passende Moment dafür? Oder wann passt es besser?
4. Was ist jeweils dein erster Schritt zum Erlernen dieser drei Fähigkeiten?

Mit „drei kleine Dinge" meine ich nicht große Projekte wie Tango tanzen, Bildhauerei oder Posaune spielen, die mehrere Wochen, Monate oder länger in Anspruch nehmen. Sondern zum Beispiel:

- Ich will den Fahrradschlauch selbst auswechseln können – das könnte ich mir von Papa zeigen lassen.
- Ich frage Lissie, wie sie den tollen Schriftzug auf der Geburtstagskarte für mich gemalt hat. Das will ich auch lernen.
- Ich lerne, wie man Hefezopf bäckt – dazu habe ich ein Rezept auf dem Foodblog von K. gesehen.

Neues mit Anfängergeist beginnen

Im Zen-Buddhismus spricht man von Anfängergeist oder Zen-Geist, im Japanischen heißt das *Shoshin*. Damit ist eine offene Haltung gemeint, mit der man Neues lernt oder angeht, mit Experimentierfreude, Lerneifer und ohne vorgefasste Meinung.

Wenn du demnächst ein neues Projekt beginnst: Gehe es an wie jemand, der noch nie getan hat, was da zu tun ist. Du bist Anfänger*in, du musst das erst noch lernen. Fehlschläge und Umwege sind da ganz normal. Du entwickelst Fähigkeiten – und Entwicklung braucht Zeit.

Wenn du auf Schwierigkeiten stößt, frage jemanden um Unterstützung. Auch wenn du merkst, dass du etwas falsch gemacht hast: Verstecke dich nicht damit, sondern gehe offensiv damit um und frage um Rat. Beispielsweise: „Ich habe xy gemacht, das hat aber nicht funktioniert. Hast du eine Ahnung, warum nicht? Oder wie es gehen könnte?"

Um Rat fragen oder dazu stehen, dass man Fehler gemacht hat – das wirkt souverän. Lächerlich wirkt eine Person, die so tut, als könnte sie eh alles, als würde ihr nie ein Fehler unterlaufen.

Und vergleiche dich nicht mit anderen (das ist nicht so leicht, ich weiß). Vergleiche dich lieber mit dir selbst: damit, was du gestern, letzte Woche oder auch vor einem

Jahr geleistet oder gekonnt hast. Es zählt nicht, ob du Fehler machst oder nicht. Was zählt: dass du besser wirst in dem, was du tust. Dass du dazulernst.

Wichtig:
Auch wenn du dich entwickelst, sind Rückschritte und Plateaus – also Zeiten, in denen nichts vorwärtszugehen scheint – ganz normal. Entwicklung und Wachstum schreiten nicht immer kontinuierlich voran, sondern oft in Sprüngen. Und manchmal scheint es auch in die falsche Richtung zu gehen.

ÜBUNG 6.6

Anfängergeist praktizieren

1. Nimm dir einen Zettel und einen Stift.
2. Wann hast du zuletzt etwas zum ersten Mal getan und es genossen? Notiere die Situation: Was hast du getan? Wann und wo war das?
3. Versuche, dir die Situation so genau wie möglich herbeizuholen: Wo warst du da, wer war da mit dir? Was hast du getan? Was gab es zu sehen? Was konntest du hören? Was hast du empfunden?
4. Wie hat es angefangen? Ist es zufällig passiert oder hast du bewusst etwas dazu getan, dass du es genießen konntest?
5. Notiere, was dir wichtig ist, beispielsweise was du getan hast, um es genießen zu können.
6. In welchen Bereichen in deinem Leben lebst du (schon) Anfängergeist? Notiere auch das.
7. Suche dir einen weiteren Bereich oder eine Situation, in dem bzw. der du ausprobieren willst, wie es mit Anfängergeist sein wird. Notiere den Bereich bzw. die Situation und außerdem, wie du das angehen willst. Überlege dir auch, wen du um Rat oder Unterstützung bitten kannst – und mache Gebrauch von der Unterstützung durch andere.

6.3 Wer bist du, wenn du nicht perfekt bist?

Das Bild, das wir von uns selbst haben, entsteht in unserer Kindheit und entwickelt sich im Lauf unseres Lebens weiter. Es ist sehr stark von den Erfahrungen geprägt, die wir mit anderen Menschen machen. Vielen ist nicht bewusst, dass es nur ein Bild ist und dass sie sehr wohl Einfluss darauf haben.

Wie schon beschrieben: Das Selbstbild bestimmt, wie wir uns verhalten. Eine Person, die ein auf Wachstum, auf Offenheit ausgerichtetes Selbstbild hat, wird sich häufig anders verhalten als jemand mit einem starren Selbstbild, das die Person einschränkt.

Menschen mit einem starren Selbstbild leben sehr häufig nicht ihr volles Potenzial:
- Sie halten an einem Selbstbild fest, von dem sie glauben, sie müssten ihm entsprechen, damit sie anerkannt, akzeptiert oder sogar geliebt werden. (Beispiel: „Ich muss perfekt sein, damit ich geliebt werde.")
- Sie identifizieren sich mit diesem Selbstbild so sehr, dass sie die Grenzen, die ihnen das Selbstbild auferlegt, gar nicht (mehr) hinterfragen und deshalb auch nicht versuchen, über diese Grenzen hinauszugehen. (Beispiel: „Ich kann nicht malen, singen, tanzen …")

Das Selbstbild von Perfektionist*innen ist besonders perfide: Es sagt letztlich, dass du nicht gut genug bist, dass du nie gut genug sein wirst, dass du dich aber dennoch anstrengen musst.

Deshalb: Ist es nicht an der Zeit, sich davon zu verabschieden?

ÜBUNG 6.7

Wer bist du, wenn du nicht perfekt bist, wenn du nicht perfekt sein musst?

1. Wie lautet der Glaubenssatz, den du am Ende von Lektion 5 entwickelt hast?
2. Stelle dich vor einen Spiegel, breite die Arme aus (und lass sie ausgebreitet – wozu das gut ist, erkläre ich im Anschluss an die Übung). Nun sage dir deinen Glaubenssatz ins Gesicht. Sprich ihn laut aus.
3. Spüre nach, wie sich das anfühlt. Lass dem Gefühl Zeit, sich in deinem Körper auszubreiten. Falls dir das Nachspüren mit geschlossenen Augen leichter fällt: Schließe sie. Wenn die Arme zu schwer werden, kannst du sie herunternehmen.
4. (Öffne die Augen wieder.) Sprich den Glaubenssatz noch einmal laut aus.
5. Wer bist du, wenn du weißt *<hier deinen Glaubenssatz einsetzen>*? Beispielsweise: „Ich bin in Ordnung, so wie ich bin. Ich bin liebenswert, so wie ich bin." Wer bist du?
6. Und was ist dir dann möglich? Nimm dir auch dafür Zeit.
7. Verabschiede dich von deinem Spiegelbild. Vielleicht magst du dich vor der Person verneigen, die du im Spiegel siehst.
8. Dann nimm dir einen Zettel (oder drucke dir das Arbeitsblatt zur Übung aus) und notiere darauf: „Ich bin …" und „Jetzt bin ich in der Lage / kann ich …".

Wichtig:

Wenn die Antwort auf die Frage „Wer bist du, wenn du nicht perfekt bist?" nicht so großartig ausfällt: Das passiert. Dann braucht es vielleicht noch etwas, bis sich dein Glaubenssatz tief in dir ausgebreitet hat. Mach die Übung einfach in einer Woche noch einmal – und wiederhole die Glaubenssatzübungen am Ende von Lektion 5 täglich zwei- bis dreimal. Du wirst sehen, dass sich dein Selbstbild in dieser Zeit noch weiter verändert.

Zur Erklärung: Die amerikanische Sozialpsychologin Amy Cuddy hat in Untersuchungen 2010 herausgefunden, dass *Power Poses* wie die ausgebreiteten Arme und der damit geöffnete Oberkörper erstaunliche Wirkung haben: Die Körperhaltung beeinflusst die Selbstwahrnehmung und die Körperchemie. Wenn du eine solche Pose für zwei Minuten hältst, erhöht sich die Testosteronausschüttung um bis zu 20 Prozent und der Kortisolspiegel sinkt um 25 Prozent. Das erhöht das Selbstwertgefühl (Testosteron) und reduziert den inneren Stress (Kortisol).

Amy Cuddy hat dazu einen Vortrag auf der TEDGlobal-Konferenz 2012 gehalten (Cuddy 2012, Video mit deutschen Untertiteln). Ob die von Amy Cuddy genannten Zahlen wirklich stimmen, ist umstritten. Aber dass Körperhaltungen wie diese *Power Poses* wirken, kannst du leicht selbst feststellen.

ARBEITSBLATT zu Übung 6.7

Wer bin ich, wenn ich nicht perfekt sein muss?

Ich bin ...	
Jetzt kann ich ...	

Noch ein Tipp zum Abschluss:

Falls dir eine der Übungen aus dieser Lektion schwergefallen ist, könntest du sie jetzt oder in den nächsten Tagen wiederholen. Ich wette, dass du dich damit jetzt viel leichter tun wirst.

Lektion 7 | Das Gelernte verankern

In diesem Selbstlernkurs hast du viel über dich und über Perfektionismus erfahren. Und du hast eine ganze Reihe an Übungen kennengelernt und gleich in der Praxis ausprobiert. Sie helfen dir, den (meist selbst gemachten) Druck von deinen Schultern zu nehmen und konstruktiv mit Ängsten umzugehen. Außerdem hast du neue Überzeugungen und ein neues Selbstbild entwickelt, beides soll deine Handlungsmöglichkeiten erweitern und dir das Leben leicht und freudvoll machen.

Wenn du die Übungen wie empfohlen gemacht hast, hast du alles, was du für ein entspanntes Leben ohne Druck und ohne Angst vor der Angst brauchst, bereits in deinen Alltag integriert.

Ich möchte dir zum Abschluss dennoch einige Tipps geben, wie du das Gelernte noch stärker in deinem Leben verankerst. Dazu greife ich einige der Übungen, die du schon kennst, noch einmal heraus.

Der Fahrplan für diese Lektion

1. Selbsttest: Wo stehst du heute?
2. Meine Empfehlungen

7.1 Selbsttest: Wo stehst du heute?

Zunächst einmal schauen wir aber, wo du heute stehst.

Wie geht es dir heute?

1. Nimm dir Zeit. Setze dich irgendwo bequem hin oder gehe eine Runde spazieren. Und stelle dir dabei die folgenden Fragen:
2. Wie geht es dir heute?
3. Wenn du zurückblickst auf die Zeit, in der du diesen Kurs begonnen hast: Was hat sich seither zum Positiven verändert? Das können große Veränderungen sein und das können kleine, spürbare Verbesserungen sein.
4. Was hast du dadurch gewonnen? Was ist dir heute möglich?
5. Notiere dir (nach dem Spaziergang) die Antworten auf die Fragen aus Schritt 3 und 4.

Wie entspannt und druckfrei bist du heute?

1. Lies dir die Notizen aus der vorhergehenden Übung noch einmal durch.
2. Spüre nun tief in dich hinein: Wie entspannt und frei vom Druck, perfekt sein zu müssen, fühlst du dich jetzt?
3. Wo auf der Skala zwischen 0 („extrem angespannt") und 10 („ich fühle mich so leicht wie eine Pusteblume") stehst du jetzt?

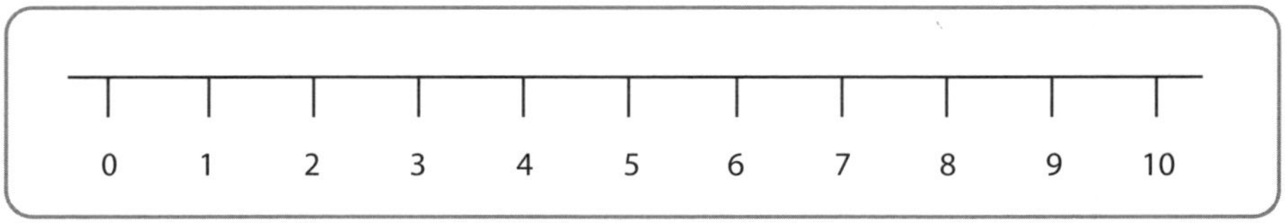

Abbildung 7.1: Wie entspannt und frei vom Druck, perfekt sein zu müssen, fühlst du dich jetzt?

Falls dein Wert 4 oder niedriger ist: Ich tippe darauf, dass du irgendwann während des Kurses ausgestiegen bist und die restlichen Übungen nicht mehr oder nur oberflächlich gemacht hast. Dann gehe bitte zu der entsprechenden Lektion zurück und fange da noch einmal an.

Falls du zwischen 5 und 6 liegst: Gehe die Übungen, die ich gleich vorschlagen werde, noch einmal gründlich durch. Lass dir Zeit dabei.

Falls du 7 oder mehr angekreuzt hast: Gratulation. Genieß dein Leben. Und schau dir an, was ich im nächsten Abschnitt empfehle.

7.2 Meine Empfehlungen

Ein großer Teil der Übungen in diesem Kurs ist dazu gedacht, dass du sie einmal, vielleicht auch zweimal machst. Bei den Übungen, die erst dann eine Wirkung zeigen, wenn du sie über einen längeren Zeitraum machst, habe ich das in der Beschreibung angegeben.

Die folgenden Übungen empfehle ich dir, entweder regelmäßig oder nach bestimmten Zeitabständen erneut zu machen.

- Ob du Open Monitoring, Freischreiben und Pomodoro Plus in deinen Schatz hilfreicher Gewohnheiten übernimmst, bleibt natürlich dir überlassen. Ich empfehle aber in jedem Fall Pomodoro Plus für Aufgaben, die dir unangenehm sind oder die so groß oder bedrohlich wirken, dass du Schwierigkeiten hast, sie anzugehen.

Ein 15- oder 25-Minuten-Pomodoro ist da genau das Richtige, um ins Handeln zu kommen – 15 bzw. 25 Minuten sind überschaubar und du kannst in dieser Zeit etwas schaffen.

- Mache es dir zur Gewohnheit, ein oder zwei der Übungen aus Lektion 4 öfter zu wiederholen – BEVOR Angst überhaupt hochkommt, etwa Tick-Tock. Außerdem würde ich die Submodalitäten-Übung öfter wiederholen – so trainierst du deinen Mut-Muskel. Auch die Körperübungen sind ein gutes Mittel, um mit Ängsten umzugehen, wenn sie auftauchen.
- Stelle dir im ersten Jahr nach dem Kurs einmal im Monat die Fragen: „Wie lautet mein bestärkender Glaubenssatz?“ und „Wie habe ich ihn in den letzten Tagen gefüttert?“. Und dann füttere ihn kräftig weiter.
- Nach meiner eigenen Erfahrung ist es hilfreich, bestärkende Glaubenssätze immer mal wieder aufzufrischen, anfangs vielleicht jedes halbe Jahr einmal, später reicht auch einmal im Jahr. Du wirst sehen, dass das tatsächlich einen Unterschied macht.
- Und zu guter Letzt empfehle ich dir, dir im Jahr nach dem Kurs alle zwei Monate die Frage zu stellen: „Wenn ich nicht perfekt bin: Wer bin ich?“ Später reicht auch ein größerer Abstand.

Ein abschließender Tipp:

Meine Klient*innen finden es hilfreich, sich für die letzten Punkte (Glaubenssatz, Selbstbild) Erinnerungen in den Kalender zu schreiben, damit sie auch wirklich daran denken.

Literaturverzeichnis

Arbeitsgemeinschaft der Wissenschaftlichen Medizinischen Fachgesellschaften e.V. (AWMF) (2014): *S3-Leitlinie: Behandlung von Angststörungen.* Herausgegeben unter Federführung der Deutschen Gesellschaft für Psychosomatische Medizin und Ärztliche Psychotherapie e.V. (DGPM). Einzusehen unter ↗ https://www.awmf.org/leitlinien.html (letzter Aufruf am 30.04.2020).

Bonelli, Raphael M. (2019): *Perfektionismus: Wenn das Soll zum Muss wird* (2. Auflage). Droemer TB.

Cameron, Julia (2009): *Der Weg des Künstlers: Ein spiritueller Pfad zur Aktivierung unserer Kreativität* (14. Auflage). Knaur MensSana TB.

Cirillo, Francisco (2018): *The Pomodoro Technique: The Life-Changing Time-Management System.* Virgin Books.

Cirillo, Francisco (o. J.): „Do more and have fun with time management". Einzusehen unter ↗ https://francescocirillo.com/pages/pomodoro-technique (letzter Aufruf am 30.04.2020).

Clance, Pauline & Imes, Suzanne (1978): „The Impostor Phenomenon in High Achieving Women". *Psychotherapy: Theory, Research and Practice,* 15(3), 241–247.

Colzato, Lorenza S., Ozturk, Ayca & Hommel, Bernhard (2012): „Meditate to Create: The Impact of Focused-Attention and Open-Monitoring Training on Convergent and Divergent Thinking". *Frontiers in Psychology* 3(1), 116. Einzusehen unter ↗ https://www.researchgate.net/publication/224821975_Meditate_to_Create_The_Impact_of_Focused-Attention_and_Open-Monitoring_Training_on_Convergent_and_Divergent_Thinking (letzter Aufruf am 04.05.2020).

Cuddy, Amy (2012): „Your body language may shape who you are", TEDGlobal-Konferenz 2012. Einzusehen unter: ↗ https://www.ted.com/talks/amy_cuddy_your_body_language_may_shape_who_you_are?language=de (letzter Aufruf am 30.04.2020).

Dweck, Carol (2017): *Selbstbild: Wie unser Denken Erfolge oder Niederlagen bewirkt.* Piper.

Gerlach, Hans & Reichardt, Lars (2017): „Ohne Butter betritt man unbekannte Dimensionen in der Küche". Interview mit Drei-Sterne-Koch Alain Passard. *Süddeutsche Zeitung* vom 2.12.2017, Heft 48/2017. Einzusehen unter ↗ https://sz-magazin.sueddeutsche.de/essen-und-trinken/ohne-butter-betritt-man-unbekannte-dimensionen-in-der-kueche-84250 (letzter Aufruf am 04.05.2020).

Hewitt, Paul L., Flett, Gordon L. & Mikail, Samuel F. (2017): *A Relational Approach to Conceptualization, Assessment and Treatment.* Guilford Publications.

Huber, Michaela (2010): Vortrag beim Trauma-Kongress 2010 in Bad Herrenalb, erhältlich als DVD „Von Bindungs- und Gewalttrauma genesen", Auditorium Netzwerk.

Jeffers, Susan (2007): *Feel the fear and do it anyway. How to Turn Your Fear and Indecision into Confidence and Action.* Vermilion. (Dt. [2014]: *Selbstvertrauen gewinnen: Die Angst vor der Angst verlieren* [16. Auflage]. Kösel.)

Langford, Joe & Clance, Pauline R. (1993): „The imposter phenomenon. Recent research findings regarding dynamics, personality and family patterns and their implications for treatment". *Psychotherapy. Theory, Research, Practice, Training,* 30(3), 495–501.

Michalko, Michael (1991): *Thinkertoys – a handbook of business creativity.* Ten Speed Press.

Oettingen, Gabriele (2017): *Die Psychologie des Gelingens* (2. Auflage). Droemer TB.

Usher, Shaun (Hrsg.) (2017): *More Letters of Note.* Canongate Books.

Wikipedia (o. J.): „Hochstapler-Syndrom". Einzusehen unter ↗ https://de.wikipedia.org/wiki/Hochstapler-Syndrom (letzter Aufruf am 04.05.2020).

Wikipedia (o. J.): „Perfektionismus (Psychologie)". Einzusehen unter ↗ https://de.wikipedia.org/wiki/Perfektionismus_(Psychologie) (letzter Aufruf: 30.04.2020).

Index

Über den Autor

Ich heiße Franz Grieser, bin 1962 geboren und wohne in der Nähe von München. Seit über 30 Jahren lebe ich davon, anderen Menschen Know-how und Wissen zu vermitteln: als Buchautor, Journalist, Übersetzer und Seminarleiter / Trainer. Seit bald 15 Jahren unterstütze ich als Schreib-Coach Menschen, die Schwierigkeiten mit dem Schreiben haben, und seit fünf Jahren begleite ich als Gestalttherapeut Menschen, die sich weiterentwickeln wollen.

Ein Thema, das in der Praxis immer wieder auftaucht, ist die innere Überzeugung meiner Klienten: „Ich muss perfekt sein. Was ich tue, muss perfekt sein."

Ich kenne das von mir selbst: Als Autor von inzwischen 27 Büchern (eins habe ich nach dem Schreiben der ersten Fassung dieses Buchs noch veröffentlicht) und ungezählten Artikeln hatte und habe ich natürlich den Ehrgeiz, das Maximum an Information in mein Werk zu packen und so verständlich wie nur möglich zu formulieren. Und unterhaltsam sollte es auch noch sein.

Es dauerte nicht lange, genauer gesagt nur bis zum zweiten Buch, und ich steckte in der Perfektionismus-Falle. Ich hatte mir ein komplexes technisches Thema ausgesucht, zu dem es keinerlei schriftliche Infos gab, und musste mühsam per *Trial and Error* herausfinden, wie das funktionierte. Ich lieferte das Manuskript mehr als ein halbes Jahr nach dem geplanten Termin an den Verlag. Was die Verkaufszahlen anlangt, war das Buch mein größter Reinfall. Auch mit vielen der Manuskripte danach überzog ich die Abgabetermine, schon bald hatte ich den Ruf, unheimlich gründlich zu sein, zu gründlich. Und das „unheimlich" war auch nicht positiv gemeint.

So ging das einige Jahre, bis ich für mich feststellte, dass das Bücherschreiben zwar eine sehr befriedigende Sache ist, mir der Druck, den ich mir selbst machte, jedoch zu hoch war. Hinzu kam, dass es sich finanziell nicht so recht lohnte. Jedenfalls nicht, wenn man die Qualitätsansprüche hat, die ich an meine Arbeit stelle. Mir nicht so viel Arbeit zu machen und Mut zur Lücke zu haben, wie mir ein befreundeter und erfolgreicher Autor riet, kam für mich nicht infrage. Deshalb ließ ich dann erst einmal das Bücherschreiben sein, gab Schulungen und schrieb Artikel und als Ghostwriter Texte aller Art für Firmen.

Aber auch bei Schreibaufträgen, die überschaubarer waren als ein Buch, hatte ich – nicht immer, aber oft dann, wenn es besonders wichtig oder herausfordernd war – das Problem, dass ich zum Aufschieben neigte.

Aufschieben war damals die einzige Möglichkeit für mich, mit den Ängsten umzugehen. Wenn ich einen Auftrag angenommen hatte, den ich normalerweise in vier Tagen bewältigen konnte, habe ich frühestens zwei Tage vor Ablauf der Abgabefrist begonnen. Dadurch, dass ich nur noch zwei Tage Zeit hatte, konnte ich einfach keine perfekte Arbeit mehr abliefern – so war es mir möglich, befreit loszulegen und produktiv zu arbeiten. Der Druck war weg und ich habe immer mehr geschafft, als man in der kurzen Zeit hätte erwarten können. Aus heutiger Sicht – eigentlich – eine clevere Strategie, den inneren Perfektionisten zu überlisten und den Druck so weit zu verringern, dass ich handlungsfähig war. Aber es war letztlich ein Herumdoktoren am Symptom. Denn es war unheimlich stressig und hat mich und meine Familie stark belastet.

Ich hätte mich damals nicht als Perfektionisten bezeichnet, ich hielt mich für einen Aufschieber oder – in Englisch – *procrastinator,* aber doch nicht für einen Perfektionisten. Und doch habe ich mich wie einer verhalten. Das wurde mir erst später bewusst, als ich die gleichen Symptome bei einigen meiner Coaching-Klienten wiedererkannte. In der Zwischenzeit hatte ich eine Coaching-Ausbildung und die Ausbildung zum Gestalttherapeuten sowie mehrere Fortbildungen abgeschlossen und begleitete als Coach Menschen, die Schwierigkeiten beim Schreiben hatten. Im Lauf meiner Aus- und Fortbildungen hatte ich selbst gelernt, mit diesen Schwierigkeiten umzugehen, und konnte mit meinen Klienten Wege aus den Problemen erarbeiten. Viele der Übungen in diesem Kurs sind auf diese Weise entstanden.

Notizen